Círculo Rojo

SCRUM EN ACCIÓN

Guía práctica para profesionales ágiles

SCRUM EN ACCIÓN

Guía práctica para profesionales ágiles

César Criado Núñez

Círculo Rojo
EDITORIAL

Primera edición: octubre 2023

ISBN: 978-84-1199-274-9

Autor: César Criado Núñez
Coordinación y revisión: Begoña Banacloche Palao
Ilustraciones: César Barral Álvarez
Entidad colaboradora: Agile European Society

Impresión y encuadernación: Editorial Círculo Rojo

© Del texto: César Criado Núñez
© Maquetación y diseño: Equipo de Editorial Círculo Rojo

Editorial Círculo Rojo
www.editorialcirculorojo.com
info@editorialcirculorojo.com

Impreso en España — Printed in Spain

El papel utilizado para imprimir este libro es 100% libre de cloro y por tanto, **ecológico**.

Índice

CAPÍTULO 6

CAPÍTULO 7

CAPÍTULO 8

Prólogo

Estimado lector: le invitamos a adentrarse en el apasionante mundo de la agilidad empresarial a través de "SCRUM EN ACCIÓN", una guía práctica diseñada para profesionales en busca de la excelencia en sus conocimientos sobre la metodología Scrum. En esta introducción, queremos presentarle Agile European Society (AES), una entidad que no solo respalda esta obra, sino que también lidera la certificación del conocimiento en metodologías ágiles, marcando un hito en el camino de la profesionalización en este campo.

En un mundo en constante cambio, donde la rapidez y la adaptabilidad se convierten en factores clave para el éxito, las metodologías ágiles se han erigido como un faro de innovación y eficiencia en la gestión de proyectos. Scrum, una de las metodologías ágiles más prominentes, ha demostrado ser una herramienta formidable para enfrentar los desafíos de nuestro tiempo. Sin embargo, como en cualquier disciplina, el dominio de Scrum y otras metodologías ágiles requiere no solo pasión y compromiso, sino también un profundo conocimiento respaldado por una certificación de calidad.

Es en este contexto en el que Agile European Society (AES) toma un lugar destacado en la escena de la agilidad empresarial. AES no es simplemente una entidad certificadora; es una institución que encarna la visión de un futuro más ágil y eficiente para las organizaciones. AES está comprometido con elevar los estándares de excelencia en la implementación de metodologías ágiles y, lo que es igualmente importante, en la certificación de los profesionales que se dedican a esta labor.

La certificación como sello de excelencia

La certificación de conocimientos y habilidades es un componente esencial en cualquier campo profesional. En el ámbito de las metodologías ágiles, donde la colaboración, la adaptabilidad y la entrega constante de valor son cruciales, la necesidad de contar con profesionales debidamente certificados se vuelve aún más evidente. Sin embargo, no todas las certificaciones son iguales.

AES se destaca por su compromiso con la calidad y la excelencia. Sus programas de certificación son rigurosos y están diseñados para evaluar no solo el conocimiento teórico, sino también la capacidad práctica de los profesionales en el uso de metodologías ágiles. Esto se logra mediante exámenes que incorporan escenarios reales y casos de estudio, lo que garantiza que los candidatos estén preparados para enfrentar los desafíos del mundo real.

La independencia y la normativa ISO: Pilares de la confianza

Un aspecto fundamental que distingue a AES es su independencia como entidad certificadora. AES opera sin ningún conflicto de intereses, lo que significa que su única preocupación es asegurar que los profesionales certificados estén genuinamente preparados para liderar proyectos ágiles de manera efectiva. Este compromiso con la imparcialidad se alinea con las normativas ISO aplicables a las entidades certificadoras, lo que garantiza la integridad de todo el proceso de certificación.

Las normas ISO para entidades certificadoras establecen estándares rigurosos para la administración de exámenes, la revisión de candidatos y la emisión de certificados. AES se adhiere a estas normas con dedicación y, como resultado, sus certificaciones son reconocidas y respetadas por el mercado.

Actualización continua: la clave para la relevancia

En un mundo donde la tecnología y las prácticas empresariales evolucionan a un ritmo vertiginoso, la actualización constante del conocimiento es esencial. AES comprende esta necesidad y se compromete a garantizar que los profesionales certificados estén al tanto de las últimas tendencias y mejores prácticas en el mundo de las metodologías ágiles. Por esta razón, las certificaciones emitidas por AES tienen una validez de dos años.

Esta característica asegura que aquellos profesionales acreditados por AES siempre estén actualizados y sigan siendo líderes en su campo. La renovación periódica de la certificación no solo es un compromiso con la excelencia, sino también una garantía de que los conocimientos y habilidades de nuestros profesionales sigan siendo relevantes y aplicables en el siempre cambiante panorama empresarial.

En conclusión, "SCRUM EN ACCIÓN: Guía Práctica para Profesionales Ágiles" es una obra que se enorgullece de contar con el respaldo y la visión de Agile European Society. AES representa la excelencia en la certificación de conocimientos en metodologías ágiles y encarna los valores de independencia, calidad y actualización continua. A través de sus programas de certificación, AES contribuye de manera significativa a la profesionalización de aquellos que buscan liderar con éxito proyectos ágiles en un mundo en constante transformación.

Este libro está diseñado para acompañar a los profesionales en su viaje hacia la excelencia en la agilidad empresarial. En sus páginas, encontrarán conocimientos prácticos y consejos valiosos respaldados por la experiencia y el rigor de AES. Aspiremos juntos a un futuro más ágil y eficiente en el mundo empresarial, donde la certificación de calidad sea un estándar y la innovación sea una constante. ¡Bienvenidos a "SCRUM EN ACCIÓN"!

En las páginas que siguen, nos adentraremos en el fascinante mundo de Scrum y las metodologías ágiles, explorando su aplicación práctica y sus beneficios. Juntos, desbloquearemos el potencial de la agilidad empresarial, respaldados por la experiencia y el compromiso de AES. ¡Comencemos esta emocionante travesía hacia la excelencia ágil!

Más información sobre Agile European Society y sus certificaciones en:
www.agileeuropeansociety.org

CAPÍTULO 1
¿QUÉ ES SCRUM Y PARA QUÉ SIRVE?

En este capítulo veremos la definición de Scrum, para qué sirve y de qué está formado, como primer paso para iniciar la andadura en esta experiencia formativa.

1.1 DEFINICIÓN

Scrum es un marco de trabajo ligero que ayuda a personas, a equipos y a organizaciones a generar valor a través de soluciones adaptables para problemas complejos.

Parece una definición muy generalista, pero nos da unas pistas muy importantes. En primer lugar, Scrum es un marco de trabajo, no es una metodología. Marco de trabajo quiere decir que nos permite flexibilidad, es muy ligero y nos permite adaptarlo a cualquier forma de trabajar. Por eso hay que buscar, como se denomina en el mundo Agile, nuestra forma más eficiente de realizar tareas, teniendo en cuenta el entorno en el que trabajamos. Scrum se puede adaptar a cualquier entorno, a cualquier equipo, a cualquier organización e incluso a cualquier sector. El objetivo, al final, es generar valor; generar valor quiere decir **entregar más**

valor con menos esfuerzo. Es decir, es un compendio: no solo se trata de entregar valor y satisfacción a la organización y a los interesados de nuestro proyecto, sino también de conseguir el mayor beneficio para todas las partes interesadas.

¿Y cómo lo hace? Lo hace a partir de soluciones que va adaptando para localizar y solucionar problemas complejos, problemas que no están perfectamente definidos en un inicio. O incluso en proyectos en los que, aun estando claramente definido el producto por crear, Scrum nos ayuda a gestionar, mucho mejor que los enfoques tradicionales, los riesgos y los imprevistos que puedan ocurrir durante el transcurso de estos.

Podríamos añadir una segunda definición que completa lo que es Scrum: Scrum sirve para implantar una mejora continua en el equipo u organización para conseguir entregar más valor, más rápido, más barato y con mejor calidad. Esto también define lo que es Scrum y es intrínseco a ello, como veremos durante este libro; Scrum implica una mejora continua, es decir, los parámetros de excelencia que tenemos que implantar en nuestro equipo, como veremos más adelante, están indicados para seguir midiendo cómo vamos mejorando. El *Scrum master* es el responsable de definir estos indicadores de forma correcta, evitando los sesgos, y también de asegurar que, realmente, se está produciendo esa mejora continua en la eficacia y eficiencia del equipo del cual formamos parte.

1.2 ELEMENTOS

Scrum está formado por una serie de elementos, por una serie de reglas, aunque lo más importante es que Scrum no es una técnica, no es una metodología, como hemos dicho, sino que es una actitud, una forma de pensar, una forma de enfrentarse a los problemas de cualquier servicio o proyecto que tengamos entre manos.

Aunque lo veremos en detalle durante este libro, Scrum está formado por:

Los roles principales del equipo Scrum, que son los siguientes: desarrolladores, *product owner* y *Scrum master*. Desarrolladores, como veremos, son las personas que fabrican, no tienen por qué ser desarrolladores de *software*. Scrum es aplicable a cualquier sector.

Los eventos Scrum, que son las reuniones del marco de trabajo Scrum, y que son los siguientes: la planificación, la *daily*, la revisión, la retrospectiva y el refinamiento. También se incluye el *sprint*, que realmente es una unidad de tiempo durante la cual se realizan los otros eventos. Hay que resaltar que el refinamiento es una de las reuniones más importantes e imprescindibles que se tienen que realizar.

EVENTOS SCRUM

- Sprint
- Planificación del Sprint
- Daily Scrum
- Revisión del Sprint
- Retrospectiva del Sprint
- (*) Refinamiento del Backlog

Los artefactos Scrum, que son el *product backlog*, el *sprint backlog* y el incremento. Aprenderemos muy bien cómo manejarlos, qué significan y qué poder tienen para poder ayudarnos a aumentar la eficacia.

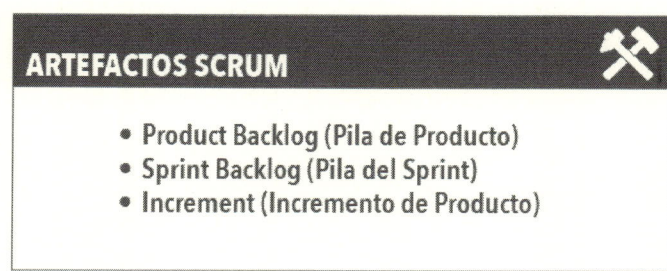

ARTEFACTOS SCRUM

- Product Backlog (Pila de Producto)
- Sprint Backlog (Pila del Sprint)
- Increment (Incremento de Producto)

Unos **pilares**, unos **valores** y unos principios que deben ser nuestra base y el alma para que funcione realmente Scrum (además de esa cultura Agile que está detrás).

No vale de nada ejecutar unas reuniones y manejar unos artefactos si detrás de nuestras decisiones, de nuestra forma de relacionarnos y de nuestra forma de solucionar los problemas que nos vamos encontrando, no lo hacemos aplicando esos pilares, valores y principios.

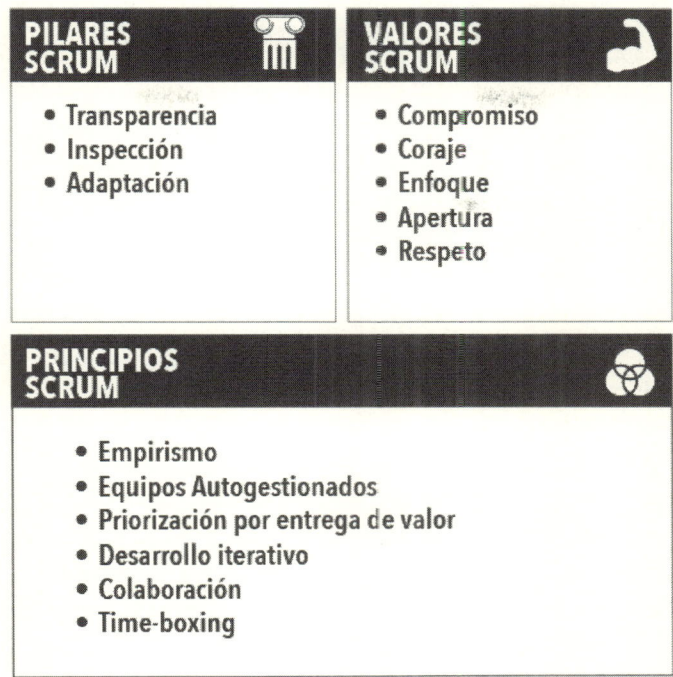

PILARES SCRUM
- Transparencia
- Inspección
- Adaptación

VALORES SCRUM
- Compromiso
- Coraje
- Enfoque
- Apertura
- Respeto

PRINCIPIOS SCRUM
- Empirismo
- Equipos Autogestionados
- Priorización por entrega de valor
- Desarrollo iterativo
- Colaboración
- Time-boxing

1.3 PARA QUÉ SIRVE

Scrum sirve para gestionar un proyecto, pero también sirve para mucho más. Sirve para implantar una mejora continua en ese proyecto que estamos realizando. Además, lo hace entregando versiones intermedias con el mayor valor de negocio posible, es decir: cuando implantamos Scrum de forma correcta —no basta solo con tener los roles y mantener esos artefactos y realizar esas reuniones para que Scrum tenga éxito— nos asegura que cada versión que entregamos al cliente es la mejor o más valiosa que podemos crear en el tiempo que llevamos de proyecto.

Además, la forma de crear ese producto debe ser de forma iterativa, y no solo incremental. Este principio Scrum es importantísimo. Es imprescindible entender qué es la entrega iterativa y lo aprenderemos más adelante en detalle, pero ahora haremos una introducción con un ejemplo de este concepto de entrega iterativa y la diferencia entre entregar un producto de forma iterativa y entregarlo de forma incremental. Lo primero que debemos tener claro es que iterativo no significa que vaya a entregar versiones intermedias durante el proyecto, yo puedo hacerlo y seguir construyendo el producto de forma incremental, como se hace en los enfoques tradicionales de gestión de proyectos.

Si queremos pintar la Gioconda de forma incremental la dividiríamos en tres partes: empezaríamos pintando la zona de la cabeza y hasta que no estuviera terminada hasta el último detalle, tal y como el cliente ha pedido, no pasaríamos a trabajar en la siguiente zona; terminada la segunda parte, hasta el último detalle, empezaríamos a trabajar en la tercera. Terminada la tercera parte, tendremos el cuadro completo.

Sin embargo, pintar el cuadro de forma iterativa implica entregar en cada versión intermedia el cuadro completo. Esto significa que cada versión irá incorporando más detalles, que cada vez habrá más nivel de detalle. La primera versión será un boceto y, a partir de ese boceto y el *feedback* del cliente, se obtiene información para hacer modificaciones tales como lo que el cliente quiera añadir o quitar, o decisiones sobre el cuadro que no tenía pensadas al inicio, de tal manera que se entregan versiones intermedias con cada vez más detalles que se van definiendo por el camino, según el cliente va viendo el producto que se va generando. Es imprescindible que, cuando implementamos Scrum, cuando estamos creando esos productos, lo hagamos de forma iterativa.

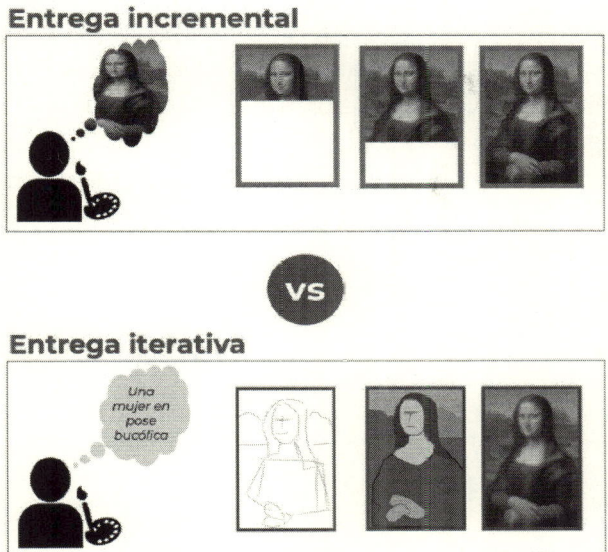

Además, estas versiones intermedias se entregan al cliente en ciclos cortos, realmente lo más cortos posible. Si la tecnología de nuestro sector o de nuestra organización y la madurez de nuestro equipo es capaz de poder entregar varias versiones cada día, eso es lo más deseable. Sin embargo, eso va a depender, como decimos, de ese nivel tecnológico, de esa excelencia tecnológica que tengamos implantada y de la madurez de nuestro equipo y del sector o el tipo de producto que estamos realizando. Scrum, como veremos, nos dice que no debe pasar más de un mes sin crear o entregar al cliente esa versión intermedia.

Cada ciclo se planifica teniendo en cuenta el *feedback* de lo que hemos entregado en el ciclo anterior. Como veremos a lo largo de esta guía, al inicio de cada proyecto Scrum, va a existir una idea general de lo que vamos a hacer en cada ciclo y qué versiones intermedias vamos a crear. Pero es una idea general que sabemos que se va a ir adaptando y modificando según se va avanzando en el proyecto. De esta manera, al finalizar cada ciclo, existe una reunión específica donde se decide qué se va a hacer en el siguiente, que puede ser algo distinto, porque podemos cambiar de opinión. Según vamos avanzando e inspeccionando el producto que se va construyendo, la creación del producto podrá ser distinta a lo que se había planificado inicialmente. Y, muy importante, todo ello desde una cultura Agile y desde un enfoque de mejora continua.

CAPÍTULO 2
ESQUEMA DE SCRUM

En este capítulo veremos un esquema de cómo se articulan los eventos y los artefactos dentro de Scrum.

Debemos saber que Scrum proviene, como veremos en una lección sobre su historia, del ciclo de Deming. El ciclo de Deming nos dice que, para poder implementar una mejora continua en cualquier proceso o forma de trabajar que tengamos en un equipo de proyecto, un departamento concreto o un servicio, hay que utilizar cuatro pasos que se deben ejecutar en ciclos lo más cortos posible. Todo depende del entorno, del producto o del servicio del que estemos hablando. Esas cuatro fases son las siguientes:

— Primero: Planificar qué vamos a hacer, sin intentar ser deterministas a largo plazo, sino a corto plazo. Las cuatro fases del ciclo de Deming tienen lugar en ciclos cortos.

— Segundo: Lo hacemos.

— Tercero: Chequeamos los resultados (si hemos verificado o no ciertas hipótesis, si eso que hemos hecho nos está dirigiendo correctamente a los objetivos que estamos persiguiendo), de manera que recogemos esas medidas, y el *feedback* de lo que hemos hecho de las personas interesadas.

— Cuarto: Con ese *feedback* aprendemos. Aprendemos de ese chequeo y, con esa información, podemos planificar el siguiente ciclo. Teniendo en cuenta que este es el origen, vamos a ver cómo se ve reflejado en Scrum.

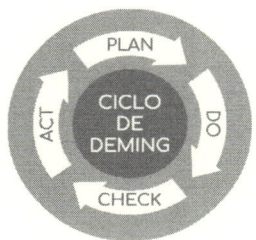

En Scrum, cada uno de los ciclos mencionados se llama ***sprint***. Lo primero sería seleccionar el trabajo que vamos a hacer en cada *sprint*. Un *sprint* puede ser de una semana, de quince días, etc.; como máximo, Scrum nos dice que sea de un mes. Pero todos los *sprints* de un proyecto tienen la misma duración, esta duración del *sprint* se decide antes de iniciar el proyecto.

Vamos a imaginar un *sprint* de dos semanas: lo primero es seleccionar el trabajo que vamos a realizar en ese *sprint* de dos semanas.

Y cuando ya lo hemos planificado, empezamos a realizar el trabajo seleccionado. Es la fase que se llama «Convertir selección de trabajo en incremento de valor».

Cuando termina el *sprint*, inspeccionamos al equipo y la entrega de valor que nos ha dado tiempo a crear, es decir, el resultado de ese «convertir selección de trabajo en incremento de valor» en terminología Scrum. Inspeccionamos, por tanto, cómo ha trabajado el equipo: si es maduro, si se comunica bien, si soluciona rápidamente los problemas, si está realmente aplicando los pilares y los valores que se espera de un equipo Scrum, etc. Además de eso, inspeccionamos esa entrega de valor, es decir, ese producto, esa versión intermedia que hemos generado en este *sprint*. Lo inspeccionamos, tanto a nivel técnico como de calidad, como de satisfacción para nuestros clientes y para la organización para la que trabajamos. Y con esa inspección aprendemos, nos adaptamos y podemos seleccionar el trabajo para el siguiente *sprint*.

Estos son las tres fases que componen cada *sprint* de un proyecto Scrum. Durante este libro vamos a profundizar hasta el último detalle para aprenderlas muy bien.

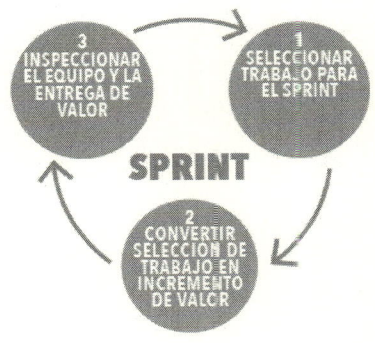

Una vez que hemos visto las tres fases de un *sprint*, vamos a añadir a este esquema los artefactos Scrum.

El primer artefacto, el ***product backlog*** (la pila de producto) que aprenderemos posteriormente en detalle. La pila de producto es la columna vertebral de Scrum, sustituye al cronograma de los enfoques tradicionales. Es la manera en la gestionamos el alcance del proyecto, y lo que hay que realizar en cada momento para tener éxito. La pila de producto es un artefacto de Scrum donde aparecen recogidos, listados, todos los elementos de trabajo que tiene que realizar el equipo Scrum —el equipo Scrum es ese equipo del proyecto que tiene como objetivo generar ese producto que le han encomendado bajo unas restricciones y con unos objetivos bien claros—. Una característica importantísima de la pila de producto, como veremos más adelante, es que tiene que estar priorizada por importancia, por entrega de valor.

El segundo artefacto, el ***sprint backlog*** (la pila del *sprint*). De la pila de producto en que están todos los elementos de trabajo pendientes por realizar, elegimos los que podemos hacer en el *sprint* que va a empezar, los más importantes, los que están más priorizados en la pila de producto. Los elementos que hemos seleccionado de la pila de producto para hacer un *sprint* es lo que denominamos el *sprint backlog* o pila del *sprint*.

El equipo Scrum se encarga de recoger ese *sprint backlog* y de trabajar en ello para añadirlo a ese producto que se está generando, que se está construyendo. Y ese resultado, ese producto o versión intermedia que se ha generado, es lo que se denomina el **incremento de producto**, que tiene que tener un valor añadido, un incremento de valor con respecto a la versión anterior que hayamos entregado al cliente al finalizar el *sprint* anterior.

Una vez terminado, inspeccionaremos cómo ha trabajado el equipo Scrum, si se está desarrollando correctamente, si se está haciendo maduro, si está resolviendo los problemas desde el punto de vista de los pilares y los valores que se espera de ellos. También inspeccionaremos ese incremento de producto que hemos generado para ver si se está acercando a los objetivos que nos han pedido, si estamos consiguiendo la satisfacción del cliente, si tiene la calidad adecuada, etc. Y también inspeccionaremos la pila de producto porque es posible que, debido a estas inspecciones, podamos cambiarla. Por eso el resultado de esta fase es una pila de producto repriorizada y modificada (quizás han aparecido nuevos elementos o se han eliminado otros que estaban en la pila anteriormente).

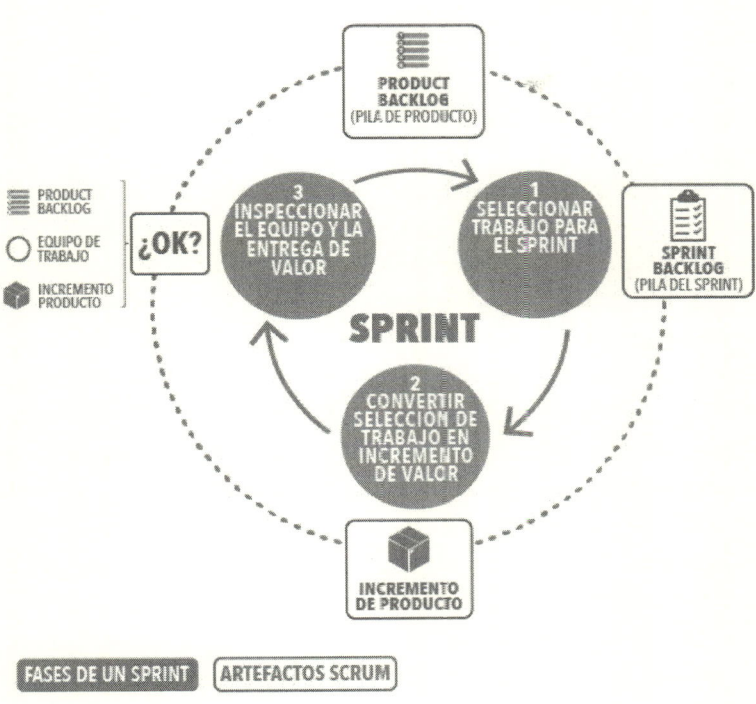

FASES DE UN SPRINT ARTEFACTOS SCRUM

Y ahora vamos a añadir los roles a este esquema Scrum; dónde participan los miembros del equipo en cada una de estas fases de Scrum.

El *product owner* es el responsable de mantener la pila de producto, es el responsable de priorizar adecuadamente esos elementos de trabajo. Se responsabilizará, como veremos, de la definición y de la priorización de la pila de producto. Es el que está en continua comunicación con el cliente, con los *stakeholders*, con los interesados del proyecto, tanto externos como internos de nuestra organización, para elegir estos elementos de trabajo y poder priorizarlos y definirlos adecuadamente.

Los mayores responsables de seleccionar el trabajo para un *sprint* son el *product owner* y los desarrolladores, las personas que van a fabricar el producto, que van a trabajar en transformar elementos de trabajo en características de ese incremento de producto que vamos a producir.

Cuando ya se ha decidido la pila del *sprint*, los responsables de mantener esa pila del *sprint* e ir viendo si se va realizando el trabajo con el ritmo y la calidad adecuados son los **desarrolladores**. Sin embargo, desde el punto de vista de Scrum, aunque la mayor parte del trabajo la van a hacer los desarrolladores, porque son los que fabrican, los que transforman elementos de trabajo en características del producto, la responsabilidad de que eso se haga de la forma adecuada, de la forma más eficiente posible, es de todo el equipo: el *product owner* y el *Scrum master* también deben estar colaborando para que el trabajo de los desarrolladores sea lo más eficiente posible y genere el mayor valor al proyecto. Por eso, el responsable es realmente todo el equipo Scrum. El *scrum master*, el *product owner* o los desarrolladores no son más responsables unos que otros. Todo el equipo Scrum, como un equipo unido, es el responsable del resultado de un *sprint*.

Y, en cuanto a inspeccionar el equipo y la entrega de valor, también se reconoce a todo el equipo Scrum como responsable de encontrar qué áreas de mejora y qué puntos fuertes tiene el equipo, así como las debilidades, riesgos y las oportunidades que está teniendo el proyecto. Esas decisiones o esas formas de poder seguir mejorando y de poder entregar más valor al cliente, lo que se ha aprendido con las inspecciones del final de cada *sprint*, se aplicará a partir del próximo *sprint*.

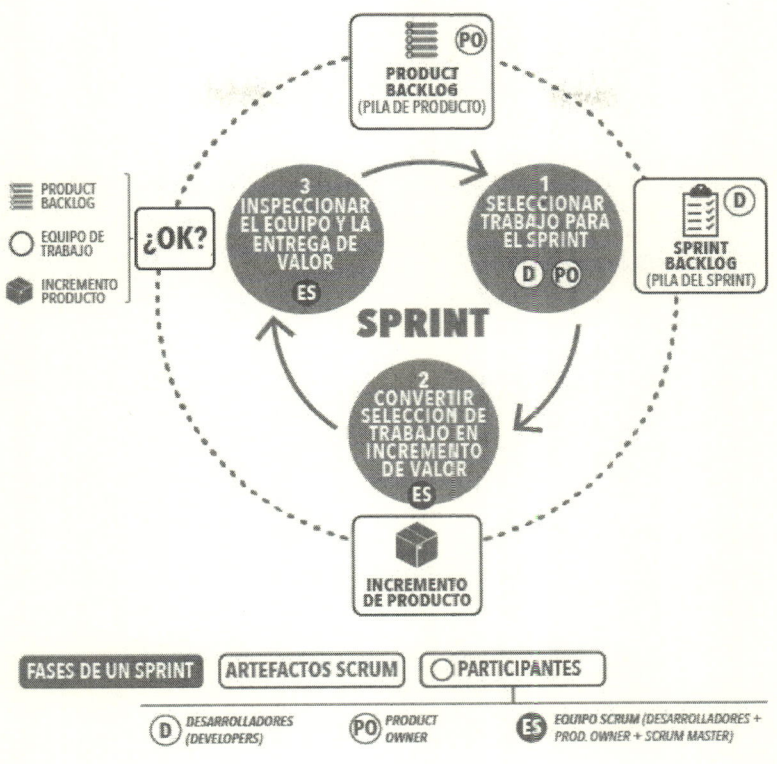

PRODUCT BACKLOG (PILA DE PRODUCTO)

PRODUCT BACKLOG · PO

1 SELECCIONAR TRABAJO PARA EL SPRINT · D PO

SPRINT BACKLOG (PILA DEL SPRINT) · D

3 INSPECCIONAR EL EQUIPO Y LA ENTREGA DE VALOR · ES

¿OK?

SPRINT

2 CONVERTIR SELECCIÓN DE TRABAJO EN INCREMENTO DE VALOR · ES

INCREMENTO DE PRODUCTO

PRODUCT BACKLOG
EQUIPO DE TRABAJO
INCREMENTO PRODUCTO

FASES DE UN SPRINT · ARTEFACTOS SCRUM · ◯ PARTICIPANTES

D DESARROLLADORES (DEVELOPERS)

PO PRODUCT OWNER

ES EQUIPO SCRUM (DESARROLLADORES + PROD. OWNER + SCRUM MASTER)

CAPÍTULO 3
ÉXITO DE PROYECTO

*En este capítulo veremos cómo ha ido evolu-
cionando la definición de éxito de un proyecto.*

Hasta el año 2015, se consideraba que los proyectos tenían tres
principales restricciones: el tiempo, el coste y el alcance, y que
las personas responsables de gestionar los proyectos tenían como
principal misión controlar estas tres restricciones para tener éxito.
Aprendimos que bajo esa premisa la mejor herramienta era crear
un cronograma de todo el alcance del proyecto, donde estaba
reflejado el plazo, presupuesto y el momento en el que se ejecuta-
rían las tareas que había que realizar durante el proyecto.

Se basaba en datos que se habían estimado antes de iniciar el
proyecto, se había estimado no solo el presupuesto y plazo de entrega, sino también cada una de las tareas del alcance del proyecto, estimando qué se iba a hacer, cuándo se iban a hacer y quién
las iba a hacer. Esta forma de gestionar el proyecto se basaba en
la idea de que el éxito del proyecto se conseguía en la medida en
que se cumplía el tiempo, el coste y el alcance que se habían pre-
definido al inicio de este.

Standish Group es una organización que recoge información
de más de 50 000 proyectos de tecnología de todo el mundo y

que saca conclusiones sobre las buenas prácticas, los errores clásicos, los factores que influyen en el éxito de proyecto y las razones principales de sus fracasos. Publica su Chaos Report periódicamente.

En 2015, en el Chaos Report de Standish Group se seguían encontrando evidencias de que las metodologías ágiles estaban teniendo más éxito que las metodologías tradicionales. En esta gráfica, en concreto, que aparece en el informe del Chaos de 2015, ya se veía cómo las metodologías ágiles estaban superando en porcentaje de éxito a las metodologías tradicionales o metodologías predictivas.

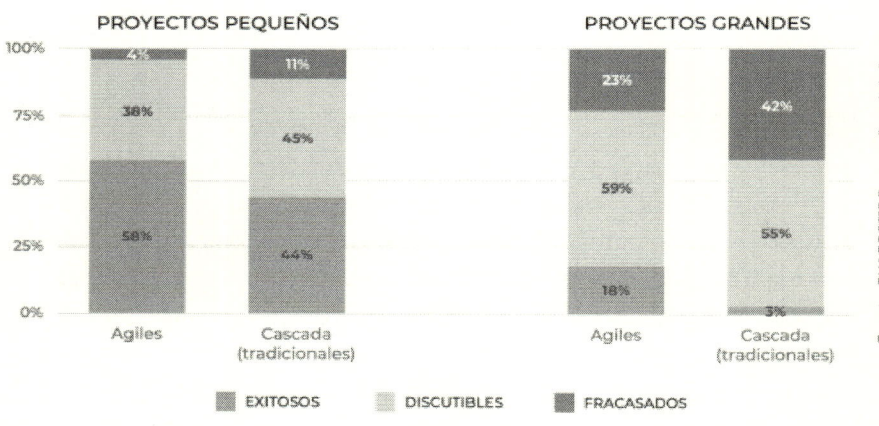

Podemos ver también en esta gráfica cómo ha evolucionado el éxito de proyectos de tecnología durante los últimos años, según Standish Group.

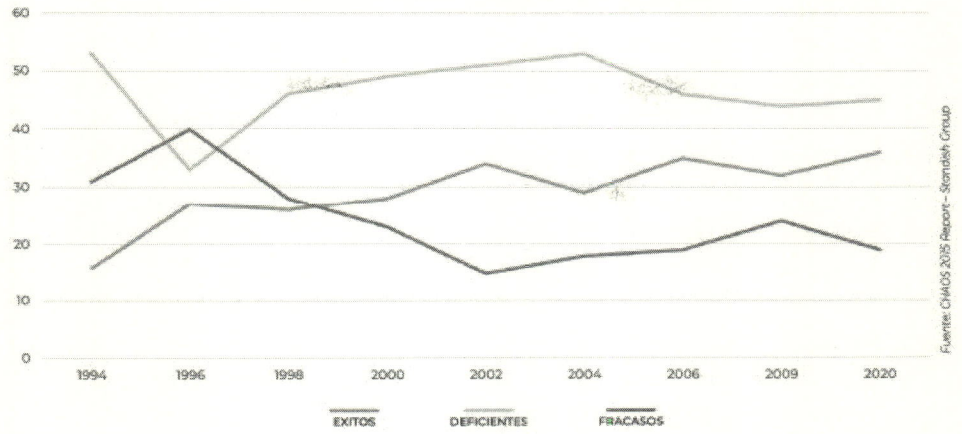

EVOLUCIÓN ÉXITO PROYECTOS DE SOFTWARE

Fuente: CHAOS 2015 Report – Standish Group

EXITOS   DEFICIENTES   FRACASOS

Se comprueba cómo, desde el año 1994 hasta el 2020, los proyectos fracasados han ido disminuyendo y los proyectos exitosos han ido aumentando. Eso nos da una imagen de que, realmente, algo está cambiando positivamente: la nueva forma de gestionar los proyectos, el nuevo enfoque, el nuevo paradigma que se está implantando sobre todo con este movimiento de la cultura Agile y todas las metodologías basadas en ella.

Pero en este Chaos Report del 2015, además de estos datos que reflejaban que Agile tenía tanto éxito, se encontró algo muy curioso, algo que ya se estaba viendo en las tendencias de informes anteriores. Se vio que había muchos proyectos que se consideraban exitosos, tanto por el cliente como por el proveedor, y que, sin embargo, no habían cumplido con las tres restricciones tradicionales de los proyectos. Quizá no se cumplía con ninguna de las tres o solo alguna no se había cumplido. Y, en cambio, había otros proyectos que sí las cumplían a rajatabla, es decir, se habían hecho con el presupuesto, en el tiempo y con el alcance que se había estimado al inicio, y, sin embargo, se habían considerado proyectos fracasados, bien por parte del cliente, o bien por parte de la organización que había ejecutado el proyecto. Esto hizo ver que la definición oficial de éxito de un proyecto era errónea: el éxito de un proyecto ya no dependía de cumplir las tres restricciones, porque había proyectos en los que se cumplían y, sin embargo, se consideraban proyectos fracasados, y otros que no las cumplían y eran considerados como exitosos tanto por parte de cliente como por parte de la organización ejecutora. De esta manera, a partir del año 2015, lo que se evidenció es que había un factor, una restricción, que era más importante que ninguna de las otras tres, pese a que estas siguieran existiendo: la de cumplir con las expectativas de los interesados.

De esta manera, la definición actual de éxito de un proyecto apareció escrita por primera vez en el 2015 Chaos Report de Standish Group, siendo: «Un proyecto es exitoso en la medida en que cumple con las expectativas de todos los interesados». Con este informe la comunidad de Gestión de Proyectos aprendió que la gestión de proyectos con éxito era mucho más complicada de lo que creíamos hasta el momento, y por esa razón, las metodologías basadas en un cronograma con enfoques predictivos se quedaban obsoletas, necesitábamos formas de gestionar proyectos mucho más complicadas y elaboradas, como es Scrum.

Obviamente el coste va a seguir siendo importante cumplirlo, y lo mismo el plazo y tener en cuenta el alcance decidido al inicio del proyecto, pero el foco principal va a estar en las expectativas de los implicados. Las metodologías ágiles están basadas en esa restricción y por eso están teniendo tanto éxito en todos los sectores y en todos los proyectos y servicios.

CAPÍTULO 4
HISTORIA

En este capítulo veremos cuándo y de dónde surge Agile. Repasaremos los hitos más relevantes que han configurado la cultura Agile.

No se puede ser *Scrum master*, ni participar como miembro de un equipo Scrum, ni sacar provecho de Scrum si no se conoce la cultura Agile. Debemos implantar la cultura Agile porque, de otro modo, podríamos terminar haciendo las mismas reuniones de siempre, pero cambiadas de nombre; en lugar de tener que hacerlas cada mes, las haríamos cada dos semanas, por ejemplo, pero serían reuniones tradicionales. El poder de aplicar el marco Scrum está en cómo las personas enfocan los objetivos de cada acción. Por eso hay que conocer muy bien cómo es la cultura Agile, sus principios, sus valores y entender cómo aplicarlos. Y un *Scrum master*, que va a implantar y a desarrollar Scrum en un equipo, tiene que comprenderlos muy bien y detectar cuándo no se están cumpliendo y saber qué hacer para poder implantar esa forma de pensar. Es necesario, por tanto, hablar de Agile, porque es la base de todo lo demás, de que Scrum funcione. Comencemos con un poco de historia para saber de dónde viene la cultura Agile.

El origen de Agile y, por lo tanto, de Scrum, es el ciclo PDCA de Deming, que se publicó en 1939 por Shewart, pionero en el uso de la estadística en entornos de calidad y de mejora continua, ideó este sistema que implica planificar ciclos cortos, hacer un chequeo de los resultados y, con ello, replanificar el siguiente ciclo. Fue Deming quien lo hizo popular después de la Segunda Guerra Mundial, cuando fue a Japón para reflotar las industrias japonesas. En 1977 se desarrolló en Japón Lean Manufactoring, basado en las ideas transmitidas por Edward Deming. Se basaba en eliminar desperdicios y en una mejora continua basada en datos. Scrum está basado en el empirismo y en el pensamiento Lean. Lean está basado en la eliminación de desperdicios, en eliminar cualquier tarea que no produzca valor al cliente, con lo cual es una manera de aumentar la eficiencia y la eficacia de nuestra forma de trabajar.

En 1986 ocurrió otro evento importante en el desarrollo de Agile. El informe de Takeuchi y Nonaka recogía el resultado del análisis del estudio de varios proyectos de tecnología que se habían desarrollado en empresas como Canon, Xerox, Honda o NEC, y que se habían realizado de una forma altamente productiva y eficaz, con mucha diferencia con respecto a otros; entregaban más valor al cliente, mayor satisfacción, eran de mejor calidad, más rápidos y más baratos. ¿Qué tenían en común esos equipos? Tras realizar un estudio, se elaboró un informe en 1986 sobre la gestión de proyectos por equipos de trabajo de alto rendimiento, que concluyó que todos los proyectos analizados tenían en común estas características:

— inestabilidad incorporada
— equipos de proyecto autoorganizados
— fase de desarrollo superpuestas
— multiaprendizaje

— control sutil

— transferencia organizacional del aprendizaje

En este informe ya se habla de que un proyecto hay que ejecutarlo por equipos que colaboran juntos como un equipo de *rugby*, y no como si fuéramos una carrera de relevos donde cada departamento o persona se encarga y responsabiliza solo de una parte del proceso de fabricación.

También se habla de mover la toma de decisiones donde está la información, la base de los equipos autogestionados que recomienda la Cultura Agile.

En 1995 se oficializó y se presentó Scrum y, cuatro años después, en 1999 lo hizo Extreme Programming. Estos son dos marcos de desarrollo ágiles que se presentaron oficialmente y que están basados en la metodología Agile, aunque hay que recordar que aún no existía el concepto Agile, sino que ambas metodologías estaban basadas principalmente en las enseñanzas de Deming, Takeuchi y Nonaka.

Fue en 2001 cuando unos visionarios del desarrollo de *software* estudiaron qué tenían en común todas estas metodologías que habían desarrollado o utilizado algunos equipos en algunas empresas y que tenían tanto éxito. Dedujeron que todas ellas tenían en común cuatro valores y doce principios. Fue en ese momento cuando se acuñó la palabra Agile (se pensó también en llamarlo «proceso ligero», pero se desestimó por parecerse mucho al término «Lean»). En el Manifiesto Agile (agilemanifesto.org) están reflejados, en muchos idiomas, estos cuatro valores y doce principios que dedujeron estos visionarios sobre lo que tenían en común todas esas metodologías que tanto éxito estaban teniendo y que era el nexo diferenciador de la forma de presentar o de enfocar los proyectos. Hay que recordar que estas metodologías empezaron a surgir y a desarrollarse desde 1939; en 1986 el Informe de Takeuchi y Nonaka fue crucial y fue ya en 2001 cuando se oficializó el nombre como Manifiesto Agile. Lo más moderno que tenemos actualmente referente a informática es DevOps, que une Agile y lo mejor de las herramientas y técnicas de Lean. DevOps es un modelo cultural y operacional que une a los departamentos de operaciones y desarrollo y los convierte en equipos de alto rendimiento alineados con la compañía. Es la evolución de Agile y Lean enfocada en el mundo de las tecnologías de la información.

El Manifiesto Agile, por tanto, surgió de estudiar qué tenían en común Scrum, Extreme Programming y otras metodologías no tan famosas que se estaban utilizando con un nivel de éxitos muy superior a las metodologías tradicionales. De hecho, si se mira con detalle Scrum, se verá que están representados todos los principios y todos los valores, y que hay reuniones que específicamente implementan algún principio o valor. Y con Extreme Programming, ocurre lo mismo. Si se analiza Extreme Programming se verá cómo están representados todos los principios y valores. Y si se analizase cualquier otra metodología o marco de trabajo Agile, se vería lo mismo.

Por lo tanto, una metodología o forma de organización es Agile siempre que cumpla los cuatro valores y los doce principios Agile.

¿Para qué sirve entonces la cultura Agile?, ¿para qué se utilizó y para qué se sigue utilizando? Nos permite entregar productos o servicios con el mayor valor de negocio posible en un tiempo definido, es decir, el producto/servicio que se entrega es el producto/servicio con mayor valor de negocio que se podía realizar en ese tiempo que se ha fijado. La cultura Agile ya no persigue solo cumplir con las tres restricciones, el tiempo, el presupuesto y el alcance, firmadas en un contrato, sino que también se basa en conseguir la satisfacción de todos los interesados.

CAPÍTULO 5
VALORES AGILE

En este capítulo vamos a presentar los cuatro valores Agile. Explicaremos qué razón tienen, sin profundizar demasiado ahora porque a lo largo de este libro veremos, mediante ejemplos, cómo gestionar los distintos eventos Scrum en relación con esos valores, para que ese evento Scrum o ese artefacto Scrum o esa toma de decisiones dentro de Scrum realmente sirva para aumentar la eficiencia.

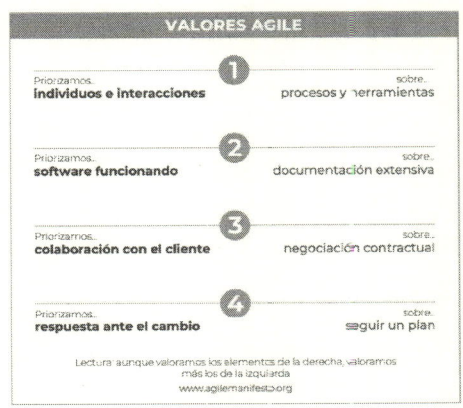

5.1 PRIMER VALOR AGILE

Importancia de individuos e interacciones sobre procesos y herramientas

Dicho de otro modo, damos más importancia a los individuos y sus interacciones que a los procesos y herramientas; esto no quiere decir que no le demos importancia a los últimos, también se la damos, pero en un grado menor que a los individuos y a su forma de relacionarse.

Aplicando este valor, aprovecharemos al máximo el talento y el coraje de las personas del equipo. Por eso, en Scrum, veremos que se forman equipos que son lo más independientes posible de otros equipos, son autoorganizados y son multidisciplinares, tienen todo el conocimiento que necesitan.

En el sistema tradicional se organiza a las personas por departamentos (el término usado en dirección de proyectos es «organización por silos»). De este modo, hay estructuración por especialidades: los especialistas de interfaz de usuario, los de bases de datos, los de sistemas, etc., en distintos departamentos, de tal modo que, para poder trabajar y entregar valor al cliente, se definían procesos, uniendo y traspasando información de un departamento a otro, de especialista a especialista, para que todos aportasen su parte, para entregar el valor al cliente. Pero esto ya ha llegado a su tope: no se podía optimizar más. Sin embargo, con Agile, se rompe esa barrera y podemos seguir optimizando el trabajo.

Vamos a poner un ejemplo de aplicación de Agile en otro entorno: Inditex. Su servicio de logística está basado en Agile. Cuando Inditex publicó cómo iba a reestructurar su sistema de logística, los expertos dijeron que aquello era impensable y que no podría funcionar porque rompía con todas las reglas básicas de la logística. Actualmente, el sistema de Inditex se enseña en todas las universidades del mundo y es un referente en logística, porque, aplicando Agile, Inditex ha conseguido, en solo 14 días, diseñar, fabricar y repartir en sus tiendas de todo el mundo las nuevas líneas de ropa. Y lo hace usando sistemas informáticos, pero también se basa en la toma de decisiones con un enfoque empírico que, como veremos, también es una de las bases de Scrum. Inditex se basa en el empirismo hasta para definir los precios. Y todo ello, implantando Agile. Del mismo modo, se puede aplicar Agile en otras metodologías de trabajo o métodos de desarrollo.

Por tanto, este primer valor Agile supone invertir más en crear equipos que sepan interactuar entre ellos, que sepan tomar decisiones en conjunto, que sepan resolver sus conflictos y que superen las cinco disfunciones de la pirámide de Lencioni: la falta de confianza, el miedo al conflicto, la falta de responsabilidad, la falta de compromiso y la falta de visión de equipo. Todo esto parece sencillo, pero no lo es, sino al contrario, es complicado. Por ello, hay que invertir en desarrollar a las personas para que formen equipo y se interrelacionen de la forma más eficientemente posible para que realmente se utilice la inteligencia colectiva. Scrum se basa en la inteligencia colectiva de las personas.

Los procesos y herramientas seguirán existiendo. Seguirán rigiendo unas ciertas reglas para realizar ciertas tareas, unos *checklists*, unos procedimientos y herramientas de trabajo. Pero eso sí, van a ser flexibles, porque se va a dar más importancia a lo que decida hacer el equipo de trabajo que a lo que esté reflejado en un proceso que, posiblemente, se puede haber escrito meses o años atrás. Y por eso, precisamente, puede que no sea la mejor solución para el momento presente. Los equipos de trabajo Scrum y Agile toman datos de lo que está ocurriendo actualmente, es decir, se basan en un enfoque empírico, y de estos datos aprenden qué es lo que tienen que hacer. Van a tener total libertad para romper el proceso y hacer las cosas de otra manera, porque hemos aprendido que esta es la mejor y la más eficiente manera de trabajar en los días actuales. De este modo, los procesos pierden peso, son flexibles, no frenan ni ordenan el trabajo de nadie, sino que, simplemente, son una orientación. Por ello, hay que invertir más en el desarrollo de personas y en hacer equipos de alto rendimiento que en implantar procesos superoptimizados.

5.2 SEGUNDO VALOR AGILE

Hay que dar más valor a un software (producto o servicio) funcionando que a la documentación exhaustiva

Tengamos en cuenta que Agile surgió del entorno IT, por eso se utiliza la palabra *software*, pero esta se puede sustituir por producto o servicio.

La documentación es necesaria, pero muchas veces se ha considerado un objetivo en sí mismo, es decir, documentar en detalle se consideraba como uno de los objetivos fundamentales de un proyecto, y considerábamos que el tiempo dedicado a la documentación era tiempo productivo, pero ya hemos aprendido que en realidad no lo es, porque la documentación del producto que estamos fabricando no es parte del producto por fabricar, no aporta valor al cliente. Cuando lo vemos desde un enfoque Agile y, por tanto, Scrum, trabajamos para optimizar la entrega de valor; la pregunta en todo lo que hagamos es: «¿Por qué hago esto?, ¿para qué?». Ese «para qué» en los enfoques tradicionales prácticamente no existía porque la cuestión fundamental era «¿qué quieres que haga?», ya que se trataba de hacer lo que el cliente pedía. Pero el preguntar para qué quieres que lo haga pocas veces se hacía. Ahora, el enfoque no es hacer lo que diga el cliente, sino cubrir la necesidad que este tiene. El cliente puede sugerir que, para cubrir su necesidad, podemos introducir determinado requisito en el producto o servicio, pero el objetivo no es hacer lo que dice el cliente porque quizá hay una mejor forma, mucho más eficiente y mejor, de cubrir su necesidad. Por eso siempre hay que preguntarse el porqué. Este es uno de los principios de Scrum: centrarse en por qué se hacen las cosas. Con la documentación ocurre lo mismo. Existen otras maneras mucho más eficientes de cubrir el propósito de la documentación. El propósito de la documentación es hacer que un producto sea usable y que sea mantenible en el futuro por otras personas. Existen maneras muchísimo más eficientes de conseguir esto que elaborar cientos de páginas de documentación, que además muchas veces se desactualiza al cabo de los años. Pero incluso aunque esta documentación estuviese bien actualizada todo el coste y el tiempo que conlleva su elaboración puede suplirse con otras maneras mucho más eficientes para conseguir tener, por ejemplo en el sector del *software*, un *software* mantenible en el futuro con formas de trabajar como programación dirigida por test automatizados, herramientas que descubren la arquitectura o arquitectura basada en microservicios, Code reviews, Clean code, etc. Las personas que se van a certificar como Developer Scrum para un equipo de Desarrollo de Software se formarán en buenas prácticas en el desarrollo de *software*: entrega continua con test automatizados, programación dirigida por test, cómo implantar las infraestructuras en la nube, cómo utilizarlas y cuáles son las métricas de calidad de *software* ágil, etc. Aplicando todo esto, se consigue construir un producto de mejor calidad, siendo más rápidos y más eficientes en su desarrollo y, por ende, se elaborará un *software* más mantenible sin necesidad de páginas y páginas de documentación. ¿La documentación existe?, sí, pero la imprescindible y la mínima. Lo que hay que buscar es un *software* funcionando y esto es a lo que hay que dedicar más tiempo: a construir *software* que funcione correctamente ya desde el origen. Es decir, cuando se programa, ya tiene que estar la calidad escrita. Además, con la excelencia de desarrollo para entornos ágiles, se estudian métodos para que esto suceda: no se trata de programar un *software* que luego se pruebe y más tarde se comuniquen los errores, sino de programarlo y que funcione al 100 % desde el origen. El tiempo de trabajo se dedica a crear un *software* que funcione bien desde el principio y no se dedica a tareas que no producen valor. Esta es también la filosofía de Lean: eliminar todo lo que no produce valor en el trabajo y bajo la premisa de por qué se hacen las cosas, dedicando más tiempo a construir que a documentar, que no aporta valor al producto.

5.3 TERCER VALOR AGILE

Colaboración con el cliente sobre negociación contractual

Con el enfoque tradicional de proyectos, normalmente, al principio se hace un análisis exhaustivo de requisitos, de interesados, de cómo tiene que ser el producto, después, de vez en cuando se plantea alguna duda o se hace alguna presentación. Con un enfoque Agile el cliente es parte del proyecto. De hecho, se le considera responsable de la implantación igual que el equipo Scrum. En Extreme Programming, que es otro marco de trabajo de desarrollo de software muy extendido también basado en Agile, una de las normas es que el cliente o un representante suyo trabaja junto con el equipo, es decir, no es que haya comunicación, es que el cliente está sentado con el equipo y trabaja y tiene su rol y sus tareas. En Scrum no se pide tanto, pero sí se pide que cotidianamente el equipo se esté comunicando con los clientes, con los interesados. Y esa colaboración aún va más allá: se deja que el cliente vaya cambiando y diseñando el producto que más le satisfaga por el camino. No se le obliga a cumplir un contrato que quizá firmó hace meses con unos requisitos que él pensaba que le iban a valer, porque, según va avanzando el proyecto, se está dando cuenta de que hay cosas que le satisfacen más que lo que pensó en un principio. ¿Por qué entonces obligarle a aceptar algo que ahora no tiene valor, que le dejará insatisfecho porque lo firmó hace meses, cuando pensaba que le iba a valer? En Agile, cumplimos con los contratos firmados, pero no son la base de lo que debemos fabricar y como lo vamos a fabricar, sino que nuestra verdadera preocupación es satisfacer lo mejor posible al cliente, en el tiempo y presupuesto acordados.

¿Cómo se puede conseguir eso?, ¿cómo podemos dejar que un cliente cambie el alcance durante el proyecto y no caer en el descontrol del proyecto? Lo de cambiar los requisitos no es nuevo, no es específico de Agile ni de Scrum. En el marco de procesos del PMI para la gestión de proyectos existe el Proceso de Control Integrado de Cambios que está pensado para que, cada vez que hay un cambio que modifica cualquier elemento del plan de dirección de proyectos o las líneas base o un elemento configurable, se inicie una solicitud de cambio que pasa por el control integrado de cambios que averigua cómo afecta esa petición de cambio a cualquiera de las otras áreas de conocimiento, la aprueba y se aplica. Todo este proceso lleva mucho tiempo, muchos recursos, muchas reuniones y muchas negociaciones que no estamos utilizando en producir valor. En un entorno Agile o Scrum el proceso de control de cambios es muchísimo más ligero. Lo explicaremos con más detalle más adelante, pero es mucho más flexible, infinitamente más ligero que si seguimos el enfoque tradicional del proceso de control integrado de cambios. Los cambios, efectivamente, hay que controlarlos de alguna manera, hay que registrarlos y hay que verificarlos, pero lo que cambia en Agile es la forma en que la que esto se va a hacer.

Lo que parece claro es que lo que no produce valor ni satisfacción es obligar a un cliente a cumplir lo que pidió al inicio del proyecto, aunque haya descubierto que no es exactamente lo que necesita, o que, cada vez que pida un cambio, eso se convierta en una disputa entre clientes y desarrolladores, puesto que supone una pérdida de tiempo que se dedica a discutir si algo es mejora, cambio o error, en lugar de estar construyendo. Y eso se evita cuando estamos en un entorno Agile. Sí es importante señalar que puede ser peligroso aplicar metodologías basadas en Agile o Scrum con un contrato firmado al modo tradicional. Se dan casos en los que la empresa sigue firmando contratos tradicionales con una estimación, un plazo y un presupuesto, y el equipo de desarrollo de esa empresa decide unilateralmente que va a empezar a aplicar una metodología Agile, como Scrum. Al principio, empiezan con la lista de requisitos que estaba en el contrato firmado y como, unilateralmente, han decidido que van a usar Scrum, negocian con el cliente que, con Scrum, puede cambiar los requisitos, y se añaden a la pila de producto, se valoran, y cada cierto tiempo entra una nueva versión adaptada a las nuevas peticiones del cliente. Es decir, en definitiva, se hace lo que marca Scrum. Puede ocurrir entonces que termina el plazo del proyecto y el cliente ve que, de la lista de requisitos que estaban en el contrato, algunos faltan. El equipo ha aplicado Scrum para que el cliente quede satisfecho en lugar de negociar el contrato al modo tradicional, pero este puede entender que esos cambios que pedía se habían sometido al control integral de cambios ajustándolos a la planificación inicial. En definitiva, el cliente quiere lo que pedía en el contrato. En resumen, el equipo de desarrollo ha integrado gratuitamente en el proyecto todos esos cambios, pero tendrá que trabajar más para terminar lo que el cliente pidió en un principio en el contrato. La conclusión es que tiene que estar sincronizado el contrato con la metodología. Por ello existen cláusulas Agile que hay que introducir dentro de los contratos para poder utilizar esta metodología y sacarle todo su provecho. Porque si aplicamos las reuniones o eventos Scrum, sin que esté detrás el enfoque Agile, con sus pilares y valores, entonces estaremos haciendo casi un proceso tradicional. Con lo cual, no vamos a conseguir mejorar la eficiencia, sino que vamos a seguir teniendo los mismos resultados, buenos o malos, que obteníamos con las metodologías anteriores.

Atención, por tanto, con este valor de colaboración con el cliente sobre negociación contractual, porque tiene que estar alineado si el contrato lo permite. Si nos obligan a seguir un plan preestablecido, no sería recomendable usar Scrum. Sería más recomendable usar una metodología de enfoque tradicional, eso sí, una metodología tradicional pero iterativa, incremental, con mejora continua, y priorización basada en riesgo y en entrega de valor. Pero eso es un enfoque que ya estaba en las metodologías tradicionales más modernas. Realmente, lo diferenciador de Scrum es el enfoque, son esos valores, pilares y principios, además de aspectos organizacionales.

5.4 CUARTO VALOR AGILE

Respuesta ante el cambio sobre seguir un plan

Efectivamente, cuando estamos en Scrum no hay plan, no hay una planificación, o mejor dicho, no hay un cronograma, no hay un diagrama de Gantt que seguir, no se hace un plan completo de todas las tareas por realizar durante el proyecto, sino que se van planificando pequeños ciclos. En cada ciclo se hace un pequeño plan, pero ni siquiera muy detallado. El objetivo no es seguir un plan, sino saber adaptarse rápidamente a los cambios e imprevistos que van ocurriendo durante el proyecto. Por eso se necesitan personas con unas interacciones muy eficaces, que tengan desarrolladas sus capacidades de comunicación, que usen una excelencia técnica importante que les permita adaptarse a los cambios que van ocurriendo durante el proyecto, durante el *sprint*, que es como se llama cada ciclo en Scrum.

Con ello, de lo que realmente se encarga el *Scrum master* es de que el equipo aprenda a dar respuesta rápida y eficaz ante las incertidumbres, ante los riesgos, ante lo que vaya ocurriendo, en lugar de tener una planificación detallada. En Agile no se hace un profundo análisis de requisitos al inicio del proyecto, sino que se va realizando durante el proyecto. Tampoco se desarrolla al principio un plan al detalle con la secuencia de actividades y que la única obligación de la persona que dirige el proyecto sea cumplir el plan. Porque, con todo esto, se olvida el objetivo principal, que es satisfacer a los interesados. Y, a veces, ambas cosas son incompatibles.

En esta respuesta ante el cambio sobre seguir un plan se basa una de las diferencias entre un enfoque tradicional y el enfoque Scrum, que es el determinismo. Un sistema tradicional se basa en un enfoque determinista, es decir, en intentar adivinar lo que va a ocurrir en el futuro con grandes análisis, analizar, por ejemplo, lo que costará realizar determinada tarea dentro de ciertos meses, decidir la fecha en la que hay que realizarla y hacer todo lo posible para cumplirlo, sin preguntarnos, llegado el momento, si aún sigue siendo útil y válido. Sin embargo, en Agile no hay determinismo. Si todavía nuestros equipos no están formados por personas con altas capacidades de comunicación, que interaccionen rápidamente y que sean flexibles ante el cambio, quizá se deba ser un poco determinista al principio, cuando se esté iniciando ese camino de madurez hacia Agile. Por eso, el rol de *Scrum master* tiene que estar centrado en desarrollar esos equipos para que sean ágiles y se puedan recomponer rápidamente ante imprevistos, tomar decisiones rápidas e implantarlas, a su vez, de forma rápida. Quizás tengan que mejorar la formación, o las herramientas técnicas, o su capacidad de comunicación y su gestión de conflictos, su *feedback* o su empatía, o su confianza en sí mismos para que no se sientan amenazados por enseñar lo que saben a otros compañeros. Es decir, hay mucho que manejar cuando estamos implantando Scrum y Agile, pero, sobre todo, lo que hay que desarrollar son personas.

Por eso nos centramos en la respuesta cambiante y no en cumplir un plan a rajatabla porque, de hecho, no hay cronograma detallado. Tenemos que ser ágiles teniendo en cuenta, sobre todo, ese enfoque no determinista, el enfoque empirista en el que se basa Scrum.

CAPÍTULO 6
LOS 12 PRINCIPIOS AGILE

En este capítulo veremos los doce principios Agile. Como hemos visto, en el manifiesto Agile, se acordaron cuatro valores y doce principios. Estos últimos amplían o detallan los primeros. Es básico conocerlos todos, principios y valores, porque los debemos tener presentes en la implantación de Scrum, puesto que una implantación de Scrum sin estar detrás esa cultura Agile no nos permitirá obtener los beneficios que obtienen ya otros equipos y otras organizaciones.

PRINCIPIO 1

*Nuestra mayor **prioridad** es satisfacer al cliente mediante la **entrega temprana y continua** de software con valor*

Como recordaremos, el éxito del proyecto va a estar en cumplir las expectativas de nuestros clientes o de todos los interesados, incluida nuestra organización. Y lo vamos a hacer con entregas periódicas de versiones intermedias, versiones que cada vez van a tener algo más de valor que la versión anterior, para recoger ese *feedback* de si, realmente, estamos cumpliendo con esas expectativas.

PRINCIPIO 2

Aceptamos que los **requisitos cambien***, incluso en etapas tardías del desarrollo. Los procesos ágiles aprovechan el cambio para* **proporcionar una ventaja competitiva** *al cliente*

En todo proceso Agile, incluido Scrum por supuesto, aceptamos que los requisitos puedan cambiar, porque las prioridades de nuestros clientes pueden cambiar, ya que el entorno cambia. O porque las necesidades y prioridades de nuestra propia organización o de nuestro equipo cambian. El hecho es que, cuando el cliente decide cambiar algo que no estaba previsto, al realizarlo, lo que estamos ofreciendo es un producto más competitivo porque nos estamos adaptando al cambio de prioridades y de entorno que sufre nuestro cliente. Vivimos en entornos muy volátiles, muy complejos, donde las circunstancias y las necesidades cambian rápidamente. Por tanto, las prioridades cambian.

PRINCIPIO 3

Entregamos **software funcional** *frecuentemente, entre dos semanas y dos meses, con preferencia al* **periodo de tiempo más corto posible**

Entregamos productos frecuentemente. En 2001 se hablaba de entre dos semanas y dos meses. Sin embargo, actualmente en Scrum, se dice que la entrega debe hacerse, como máximo, cada mes. Pero, incluso, las buenas prácticas de Scrum establecen poder entregar varias versiones durante el *sprint*, incluso diariamente si la tecnología y el sector del proyecto nos lo permiten. Todo dependerá de la madurez del equipo, de la excelencia técnica y del nivel de colaboración que tenga el cliente con este equipo.

PRINCIPIO 4

*Los responsables de negocio y los desarrolladores **trabajan juntos de forma cotidiana** durante todo el proyecto*

Los responsables del negocio y todo el equipo Scrum colaboran para conseguir los objetivos del proyecto y lo hacen durante todo el proyecto. En este principio cuando dice «desarrolladores» se está refiriendo al Equipo Scrum (*Scrum master*, *product owner* y *developers*), y cuando dice responsables de negocio se refiere a los interesados del proyecto, clientes, usuarios, patrocinador, etc. No sucede como en un enfoque tradicional, donde hay una participación y una comunicación muy intensa al inicio de los proyectos para estimar esas restricciones de tiempo y costo, pero después, a lo largo del proyecto, esta comunicación se diluye. En un entorno Agile, el cliente forma parte de los equipos de proyecto y colabora directa y cotidianamente con ellos para dar *feedback* continuo y colaborar en las decisiones para reconducir el proyecto.

PRINCIPIO 5

*Los proyectos se desarrollan en torno a **individuos motivados**. Hay que darles el entorno y el **apoyo que necesitan**, y **confiarles la ejecución del trabajo***

Las personas son importantes, como nos decía el primer valor Agile. De hecho, la organización se debe centrar en desarrollar individuos no solo desde el punto de vista de los conocimientos técnicos, sino más importante, para tener éxito en la implantación de un marco de trabajo Agile como es Scrum, de su capacidad de relacionarse, de resolver conflictos, de comunicación, de participar en la superación de las cinco disfunciones de los equipos según la pirámide de Lencioni.

PRINCIPIO 6

*El método **más eficiente y efectivo de comunicar** información al equipo de desarrollo y entre sus miembros **es la conversación cara a cara***

El método más eficiente de comunicación es el cara a cara. Las evidencias lo dicen, los psicólogos lo saben. Se han hecho mediciones y más del 80 % de la información que recibimos es mediante comunicación no verbal. No somos conscientes, pero nuestras decisiones se ven afectadas por esa información. Esto, como decimos, son evidencias y no hipótesis. Y, apoyándonos en estas evidencias, sabemos que las comunicaciones escritas (*mails*, informes, etc.) pueden producir muchos malentendidos. No es una comunicación eficiente. Por eso, en un entorno Agile se harán muy a menudo reuniones cara a cara o mediante videoconferencia. Mejor físicamente, pero, si no es posible, es preferible la videoconferencia a la comunicación escrita. También, por esa razón, se están desarrollando técnicas de reuniones más eficientes; una hora supone demasiado tiempo y se reducen a 10, 15 minutos o media hora, en las que se cumplen los objetivos de la reunión de una forma rápida y con la opinión de todos, desarrollando la inteligencia colectiva de los asistentes. Es lo que se llama las *stand-up meetings*, que han salido de utilizarse solo para las *daily Scrum*, para empezar a usarse para muchas otras reuniones.

PRINCIPIO 7

*El **software funcionando** es la medida principal de **progreso***

El *software* (producto o servicio) funcionando y que cumple con las expectativas de nuestro cliente o de los interesados es la medida de éxito del proyecto. Es decir, no se trata de medir cómo va el proyecto dependiendo de si se está cumpliendo o no con un plan previsto al inicio. La medida está en hasta qué punto estamos satisfaciendo a todos los interesados, tanto al cliente con sus necesidades como a nuestra propia organización. En qué medida estamos cumpliendo las expectativas de aquellos a los que les importa el presupuesto, o a los que les importa el tiempo, o a los que les importa el alcance, es decir, todos los implicados. Esta es la medida de progreso y no el seguir un plan concreto.

PRINCIPIO 8

*Los procesos ágiles promueven el desarrollo sostenible. Los promotores, desarrolladores y usuarios debemos ser capaces de **mantener un ritmo constante** de forma indefinida*

En cualquier metodología y marco de trabajo ágil, se mantiene un ritmo constante de nivel de trabajo, lo que no quiere decir un ritmo constante de entrega de valor y de entrega de resultados, porque con esa mejora continua que estamos obteniendo al implementar Scrum o cualquier metodología Agile, con la misma cantidad de trabajo estamos entregando cada vez más valor y mayor satisfacción, pero la carga de trabajo se mantiene estable. No existen momentos de mucha carga de trabajo y momentos de menos carga.

PRINCIPIO 9

*La atención continua a la **excelencia técnica** y al buen diseño mejora la agilidad*

Es muy importante mantener la excelencia técnica en los equipos de trabajo. Todo lo que se pueda automatizar debe automatizarse para que las personas puedan dedicar su tiempo a hablar de problemas y a buscar soluciones. Dedicarse a esa experimentación para encontrar rápidamente la solución a los problemas que se van encontrando. Es habitual encontrar proyectos donde un porcentaje de esfuerzo de cada *sprint* se dedica a la mejora continua del proceso de trabajo, se ha demostrado que este tiempo dedicado a la optimización y no a la construcción del producto del proyecto es beneficioso para el éxito del proyecto a medio plazo.

PRINCIPIO 10

*La simplicidad, o el arte de **maximizar la cantidad de trabajo no realizado**, es esencial*

Máxima simplicidad. Esto quiere decir que lo que tenemos que perseguir en todo momento en una organización Agile y, por supuesto, en un equipo Scrum, es conseguir entregar cada vez más resultados con menos trabajo, es decir, realizar el menor trabajo posible para conseguir entregar los mayores resultados posibles, buscando esa optimización en todo lo que hacemos. También se verá reflejado este principio en el trabajo que hace el *product owner* con la pila de producto, en la forma de priorizar esos elementos de trabajo, como veremos en el capítulo correspondiente.

PRINCIPIO 11

*Las **mejores arquitecturas**, requisitos y diseños emergen de **equipos autoorganizados***

Equipos autogestionados. Según evidencias de finales del siglo pasado en las que se basó Scrum, es necesario crear equipos autogestionados. El mejor resultado, el éxito del proyecto, se va a obtener cuando tenemos equipos que se autogestionan. Están liderados por misión, es decir, se les da una misión y unos objetivos muy claros y se les prepara el entorno adecuado y el empoderamiento para que puedan autogestionarse y poder decidir la mejor manera de cumplir esos objetivos. De esa manera aprovecharemos todo el talento de las personas especialistas en construir el producto objetivo del proyecto.

PRINCIPIO 12

*A intervalos regulares el **equipo reflexiona** sobre cómo **ser más efectivo** para, a continuación, ajustar y **perfeccionar** su comportamiento en consecuencia*

En cualquier marco de trabajo o metodología Agile, hay una reunión específica para cumplir este principio de mejora continua. El estar buscando siempre el autoanálisis e identificar áreas de mejora implica analizar cómo podemos ser más eficientes, cómo podemos entregar mayor valor, cómo podemos mejorar la calidad del producto que estamos realizando, cómo podemos tardar menos en las reuniones, cómo podemos averiguar lo antes posible la solución a los problemas que tenemos... Todo esto son formas o puntos a tener en cuenta a la hora de buscar esa mejora continua y conseguir siempre seguir mejorando. No basta con aplicar esos once primeros principios: hay que buscar siempre ser más eficientes y mejores.

PRINCIPIOS AGILE

1. Nuestra mayor prioridad es satisfacer al cliente mediante la entrega temprana y continua de software con valor.

2. Aceptamos que los requisitos cambien, incluso en etapas tardías del desarrollo. Los procesos Ágiles aprovechan el cambio para proporcionar ventaja competitiva al cliente.

3. Entregamos software funcional frecuentemente, entre dos semanas y dos meses, con preferencia al periodo de tiempo más corto posible.

4. Los responsables de negocio y los desarrolladores trabajamos juntos de forma cotidiana durante todo el proyecto.

5. Los proyectos se desarrollan en torno a individuos motivados. Hay que darles el entorno y el apoyo que necesitan, y confiarles la ejecución del trabajo.

6. El método más eficiente y efectivo de comunicar información al equipo de desarrollo y entre sus miembros es la conversación cara a cara.

7. El software funcionando es la medida principal de progreso.

8. Los procesos Ágiles promueven el desarrollo sostenible. Los promotores, desarrolladores y usuarios debemos ser capaces de mantener un ritmo constante de forma indefinida.

9. La atención continua a la excelencia técnica y al buen diseño mejora la Agilidad.

10. La simplicidad, o el arte de maximizar la cantidad de trabajo no realizado, es esencial.

11. Las mejores arquitecturas, requisitos y diseños emergen de equipos auto-organizados.

12. A intervalos regulares el equipo reflexiona sobre cómo ser más efectivo para a continuación ajustar y perfeccionar su comportamiento en consecuencia.

CAPÍTULO 7
LOS PRINCIPIOS SCRUM

Recordemos que Scrum y Agile no son «hacer cosas», sino ser de una determinada manera. Es importante entender la esencia que está detrás de esa nueva forma de pensar, la esencia de ser Agile y ser Scrum.

En este capítulo vamos a ver los seis principios de Scrum en los que nos tenemos que basar a la hora de tomar decisiones, de trabajar y de organizarnos.

PRINCIPIOS SCRUM

- Empirismo
- Equipos Autogestionados
- Priorización por entrega de valor
- Desarrollo iterativo
- Colaboración
- Time-boxing

7.1 EMPIRISMO

Los entornos actuales de los negocios y de los proyectos son entornos volátiles, inciertos, complejos y ambiguos, lo que se denomina entornos VUCA, y cada año que pasa lo son más. Esto hace que cada vez sea más inapropiado continuar trabajando con los enfoques tradicionales basados en un mundo estático, de pocos cambios. Debemos evolucionar a formas de trabajar, de organizarnos más coherentes con el mundo actual y futuro que viviremos.

Hemos aprendido que el empirismo es el mejor enfoque que existe para enfrentarnos a la gestión de empresas, equipos y proyectos dentro de los entornos VUCA. El empirismo se enseña a los CEO, directores de empresa, directores de departamentos, directores de proyectos y cualquier persona que gestione personas para conseguir un objetivo empresarial.

Entender y aplicar el empirismo es fundamental para conseguir una madurez en la implantación de Agile y de Scrum en nuestra organización.

Una de las premisas en las que se basa el empirismo es que las decisiones se deben basar en la observación y la experimentación, en vez de en una planificación inicial detallada. El pensamiento tradicional es muy determinista, es decir, se planifica a largo plazo y se cree saber, en ese futuro, qué ideas se van a estar llevando a cabo y qué personas las van a realizar. Todo el proyecto está enfocado en cumplir el plan. Lo importante es llegar al hito y enseñar al cliente que se han hecho las tareas previstas en el tiempo y plazo previsto. Pero se queda en el olvido o en un segundo plano si, realmente, eso es lo que satisface al cliente, lo que necesita. Y además la calidad se puede ver amenazada por centrarse en ese único objetivo de cumplir el hito planificado, pues se da más importancia a, por ejemplo, acudir a las demos con las funcionalidades previstas «terminadas» que a valorar si esas funcionalidades tienen la calidad deseada, o si realmente son útiles. Por eso luego aparecían errores en la entrega de los productos, lo que conllevaba la insatisfacción general de los clientes.

El mundo Agile y, en concreto, Scrum nos dice que tenemos que pensar de un modo no determinista: pensar a corto plazo, chequear si nos estamos acercando a los objetivos y aprender y reconducir o pivotar para hacer otras cosas si es necesario. Ese es el pensamiento Agile, el pensamiento Scrum. Y en la profundidad de esta idea está la toma de muchas decisiones. La toma de decisiones de forma no determinista no es algo fácil, no es algo que surja de modo natural porque nos han enseñado a tomar decisiones a largo plazo y que tomar una decisión equivocada es un error. En los tiempos modernos, la actitud de las personas y de la organización de probar si algo funciona y que luego no lo haga implica un éxito porque hemos comprobado precisamente que no funciona. Es lo que llamamos la cultura de fallar rápido y de forma inteligente. En Scrum se utilizan mucho los test o *spikes* para extraer datos y evidencias de lo que nos sirve, de lo que es una solución y de lo que no lo es. De ahí surge lo que se llama la gestión basada en evidencias que se enseña a la gobernanza para dirigir organizaciones y departamentos para sobrevivir en estos entornos VUCA en que vivimos actualmente, tan volátiles, tan inciertos y con tantos riesgos emergentes. La solución es, por tanto, empezar a pensar de forma empírica, tomar decisiones de acuerdo con datos, evidencias, utilizando test y retroalimentación continua.

En un equipo tradicional, cuando surge un problema se hace una gran labor de análisis; se buscan consultores, se analiza la mejor solución con tablas comparativas entre distintas opciones, sopesando los pros y los contras hasta encontrar la mejor. Todo ello implica un gran esfuerzo y muchas horas de trabajo para analizar mucha información. Y la solución obtenida es la que se utiliza porque se toma como cierta e irrefutable (recordemos el valor que se daba a las soluciones aportadas por los grandes gurús a medio o largo plazo).

En un entorno Agile, este tipo de toma de decisiones ya no tiene valor. Las diferencias de un proyecto a otro, de un equipo a otro o de un cliente a otro hacen que, realmente, se considere un desperdicio del esfuerzo del equipo. ¿Cómo se hace entonces la toma de decisiones? Con la experimentación.

El equipo Scrum está continuamente experimentando: cada vez que tiene un problema o cada vez que tiene que tomar una decisión y tiene que elegir, experimenta bajo un método científico, toma en consideración unas hipótesis y comprueba si realmente esas hipótesis son ciertas. Cada vez que tiene que estimar el esfuerzo de un elemento de trabajo donde hay incertidumbre, entonces dan de alta un elemento de trabajo de tipo *spike*. Más adelante, al ver en detalle la pila de producto, nos referiremos a los *spikes*, que son experimentos, pruebas de concepto. Para decidir, por tanto, cuál es la decisión correcta, lo que hace el equipo Scrum son pruebas de concepto, experimentaciones, con un análisis previo pero reducido en el tiempo y en el esfuerzo. Se toman como buenas soluciones dos o tres opciones y, a partir de ahí, se diseñan *spikes* o pruebas de concepto, experimentos o test, de una manera rápida y eficiente para ver cuál es la que funciona. En un equipo Scrum, ante la toma de una decisión, se comunican todos los miembros aportando ideas sin que haya nadie que tome la decisión, sino que esta se toma en función del equipo. Para eso hay técnicas de reuniones eficientes. Es recomendable echar un vistazo a la web https://estructurasliberadoras.com. Esas estructuras liberadoras son 33 tipos de reuniones eficientes que se utilizan muy a menudo en equipos Agile para tomar decisiones, para desarrollar los valores y las capacidades que se quiere en estos equipos. Y ello, precisamente, para que tengan esa apertura de poder conversar, cada uno aportando su punto de vista, y de esa manera extraer ideas sobre cómo diseñar esos experimentos que les van a ayudar a tomar una decisión.

Tras la toma de la decisión, el equipo no se queda ahí. Ha hecho experimentos, ha diseñado test, ha visto que algo funciona y lo aplica. Pero después de aplicar ese test, de usar esa herramienta, no deja de utilizar el ciclo de Deming que hemos visto anteriormente. Es decir, se pregunta: «¿Realmente esto está solucionando el problema?, ¿realmente esto está funcionando mejor que lo que teníamos?, ¿nos está sirviendo para cumplir nuestros objetivos?». Si la respuesta es NO, el equipo pivota y cambia probando otra cosa. De tal modo que ese concepto tradicional de que se ha tomado una decisión equivocada y, por tanto, es un fracaso ya no existe: se hace un experimento, una prueba de concepto muy rápida y con poco esfuerzo y se decide que no sirve. Esto es lo que se llama fallar rápido. La cultura del fallar rápido es sinónimo de aprender rápido. Y esta cultura de fallar rápido implica dar a las personas de los equipos Scrum herramientas y empoderamiento para que hagan experimentos y encuentren qué es lo que sirve y lo que no de la forma más eficiente posible.

El éxito de Scrum se basa en el empirismo y en el pensamiento Lean. Para implantar el empirismo debemos implantar sus tres pilares, denominados también como los Pilares Scrum: transparencia, inspección y adaptación. Más adelante en este libro profundizaremos en el entendimiento de la aplicación de estos tres pilares.

7.2 EQUIPOS AUTOGESTIONADOS

La naturaleza de los equipos y la forma de liderazgo son distintas en una organización tradicional y en una organización o departamento Agile, en este caso Scrum. En un enfoque tradicional, los departamentos de recursos humanos de las empresas buscan a los mejores especialistas. Por ejemplo, si se necesita un experto en ciberseguridad o en diseño de interfaces de usuario, se busca a los mejores especialistas con las mejores certificaciones y con gran experiencia en el mercado. Sin embargo, con el enfoque Agile ya no se busca este tipo de perfiles, sino que lo que se valora principalmente es que las personas tengan capacidad de hacer equipo, que sean capaces de compartir sus conocimientos y de adquirir los conocimientos de sus compañeros. Personas que se comprometan más con el proyecto que con el éxito personal y que sean capaces de gestionar conflictos. Son personas con un cierto nivel de inteligencia emocional porque de esa manera consiguen crear conversaciones productivas y buscar eficiencia dentro del equipo y en la forma de trabajar. Ese es el tipo de personas que se busca actualmente en los equipos Agile. Y, con las personas que ya están dentro de la organización, se intenta desarrollar estas habilidades. Se le da formación, por ejemplo, al departamento de recursos humanos para que tengan en cuenta cosas que antes con enfoques tradicionales no se tenían, porque ya no se valora tanto los conocimientos teóricos o técnicos, sino que se prefieren personas con cierto perfil en su forma de pensar, en su forma de ser y en sus habilidades (*soft skills* —'cualidades blandas'—). El aspecto técnico y de conocimientos puede enseñarse internamente si es que no existe el nivel que necesitamos. Teniendo en cuenta esto, Henrik Kniberg, en su libro *Scrum y XP desde las trincheras*, divide las categorías o la naturaleza de los equipos de trabajo en cuatro tipos distintos (ver gráfico). Recordemos que un equipo Scrum está formado por el *product owner*, el *Scrum master* y los desarrolladores.

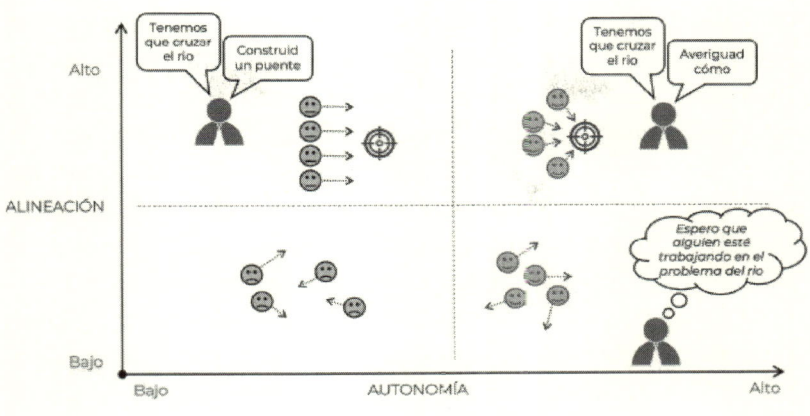

Comencemos por explicar los dos ejes.

El eje horizontal representa la autonomía: si el equipo y las personas que lo forman tiene autoridad para tomar las decisiones sobre cómo realizar su trabajo o si bien reciben información o instrucciones estrictas desde fuera del equipo (de un responsable de departamento).

El eje vertical representa la alineación: en qué medida los equipos saben cuál es su objetivo y qué se espera de ellos.

Según esta clasificación, tendremos varios tipos de equipos: unos, donde hay baja autonomía y baja alineación, es decir, no tienen clara su misión ni qué se espera de ellos y tampoco tienen libertad para hacer el trabajo como mejor consideren, en realidad, solo reciben órdenes (esta sería la peor situación); otro tipo de equipos serían aquellos con una alta autonomía, es decir, pueden decidir cómo realizan su trabajo diariamente, pero no tienen claro cuál es el objetivo o su misión. Por lo tanto, tienen libertad de actuación, pero podrían dirigirse a posiciones que no están alineadas con los objetivos del proyecto o de la organización.

Otro caso sería el del equipo que no tiene libertad para decidir cómo hacer las cosas, pero sí tiene muy claro cuál es el objetivo y lo que se espera de ellos. Esto sería lo más parecido a una estructura militar, es decir, se le dice exactamente cuál es el objetivo y también cómo conseguirlo, pero no se le da libertad de actuación.

Y, por último, tendríamos a los equipos Scrum. Estos son equipos a los que, desde fuera, desde el liderazgo o gobernanza, se les fija un objetivo (conseguir unas métricas, crear un producto de tales características, etc.), es decir, tienen muy claro qué hay que conseguir, pero después se les deja libertad para autoorganizarse internamente y decidir cómo van a conseguir esos objetivos que se les han dejado tan claros. Es lo que se llama liderazgo por misión y ese liderazgo es el que hay que desarrollar en ese departamento, proyecto o equipo donde queremos implantar Scrum. Los equipos Scrum formados por el *Scrum master*, el *product owner* y los desarrolladores deben ser equipos que reciban desde fuera (desde la gobernanza) un objetivo y sepan qué se espera de ellos, pero después se organizan y se autogestionan para conseguir ese objetivo.

La pregunta que puede surgir es si, pese a esa autonomía, existe un intercambio de ideas entre el equipo y la gobernanza, porque, quizá, el equipo haya interpretado su misión de cierta forma y debería comprobar si la gobernanza está o no de acuerdo. Efectivamente, existe este intercambio de comunicación, puesto que la gobernanza y los propios clientes son los interesados para los cuales estamos haciendo el proyecto. Veremos que, precisamente, hay una reunión en concreto con los clientes donde se va revisando el producto que el equipo Scrum va generando, pero también se comprueba con la gobernanza si existe alineación, es decir, si se ha entendido correctamente lo que se espera del equipo. En un proyecto Scrum, lo que la gobernanza va a pedir al equipo es que este proyecto tenga éxito, es decir, que tanto la organización como los clientes queden satisfechos y las expectativas queden cubiertas; que los clientes repitan y que, además, nos recomienden a otros. El nivel de satisfacción de los clientes o de los usuarios se medirá mediante unos cuestionarios periódicos o mediante reuniones cara a cara para inspeccionar el producto. En definitiva, mediante una serie de controles que pueden ser distintos en cada empresa. Pero lo que debe quedar claro es que el equipo Scrum debe saber muy bien cuál es su objetivo y cómo se va a medir si lo cumple o no. Lo que no existe en el mundo Agile es que el éxito se mida en función de si se está cumpliendo o no un plan, porque ya vimos que eso no asegura el éxito de los proyectos y que los entornos empresariales actuales son complejos y necesitamos formas de gestionar proyectos más elaboradas, más adaptadas al entorno VUCA en el que vivimos y trabajamos.   Existe un vídeo que resume una conferencia de David Marquet basada en su libro ¡Cambia el barco de rumbo!, donde se explica cómo un capitán de un submarino nuclear implantó el liderazgo por misión del que estamos hablando (https://www.youtube.com/watch?v=psfbvvgaRmo).

7.3 PRIORIZACIÓN POR ENTREGA DE VALOR

La entrega de valor en Agile y en Scrum implica también un concepto distinto a lo que se considera valor en un proyecto tradicional.

En un entorno tradicional se valoraba la cantidad de tareas que se hacían, es decir, al principio de un proyecto, se elaboraba una lista de tareas que había que realizar y estas se planificaban a ocho meses, año y medio o dos años vista, lo que durara el proyecto. Esto puede resultar desastroso porque ¿cómo se puede saber, y más en el mundo actual, lo que va a ocurrir a tan largo plazo? Ni siquiera podemos obligar a nuestros clientes a que sepan exactamente lo que necesitan y lo que quieren al principio del proyecto. Los proyectos tradicionales, por lo tanto, se fijan en cuántas tareas de la lista se están realizadas en cada momento. De hecho, existe un concepto en los entornos tradicionales para valorar el estado de un proyecto comparado con un plan, que es el del cálculo del valor ganado. Para calcular en qué estado está el proyecto (previsión de coste, previsión de entrega, etc.), el cálculo del valor ganado compara la cantidad de tareas realizadas hasta el momento con el plan, y con los resultados se deduce el estado de salud del proyecto. Ya dijimos anteriormente que hemos aprendido a través de las estadísticas y evidencias de estudios de miles de proyectos que seguir un plan no nos asegura el éxito del proyecto, ni nos asegura la entrega de valor para los interesados.

¿Qué es lo que nos asegura la entrega de valor según la cultura Agile y Scrum? Dar soluciones y cumplir con las necesidades de nuestros usuarios, clientes e interesados del proyecto, con el menor esfuerzo por nuestra parte (maximizar el trabajo no realizado). Veremos más adelante que el *product owner*, a la hora de priorizar elementos de trabajo, tiene en cuenta los riesgos, las dependencias y el valor o la satisfacción que aporta cada elemento de trabajo a los interesados. Dentro del concepto de entrega de valor se tienen en cuenta valor y coste que conlleva implementar esa funcionalidad o requisito del producto o servicio objetivo del proyecto. Con esos factores se priorizan los elementos de trabajo en la pila de producto para saber qué se hace al principio y qué se hace al final. Podríamos preguntarnos qué importancia tiene lo que se haga al principio y al final si, en definitiva, hay que hacerlo todo. Ese es un pensamiento muy tradicional que nos han inculcado durante años, pero en realidad, es erróneo porque durante el proyecto aparecen imprevistos, cambios de necesidades, el cliente, al revisar nuestro trabajo, puede darse cuenta de que necesita una cosa más que otra, etc. Desde un enfoque Agile, se va adaptando el producto que vamos fabricando, no con grandes cambios, porque tenemos un tiempo y un presupuesto fijos, pero se va diseñando poco a poco (entrega iterativa). Lógicamente, existe al principio una idea general y una especie de planificación general, pero los detalles se van definiendo por el camino y vamos buscando lo que es más importante al principio y lo menos importante al final, este enfoque es una las claves del éxito de Scrum, y hace que los imprevistos que sucedan hagan menos daño al proyecto que con enfoques tradicionales basados en un cronograma predictivo, y es una de las razones por las que la gestión de riesgos en Scrum es mucho más eficiente que en entornos tradicionales. Por ejemplo, puede haber algo que, de repente, el usuario necesita y que es más importante que otra cosa que se había solicitado al principio. Esa colaboración continua de *product owner* con los usuarios para ir priorizando las tareas sirve precisamente para ir haciendo en cada *sprint* lo que es más importante en ese momento y dejando para el final lo que es menos importante.

Para que el *product owner* pueda tener criterio para saber en qué medida cada elemento de trabajo entrega valor a los interesados, al inicio del proyecto se define la «Declaración de Visión del Proyecto», que recoge la razón por la que los interesados han decidido invertir en la realización de este proyecto, qué problemas desean solucionar, qué beneficios desean obtener, qué personas van a usar el producto resultante. Solo conociendo una lista de requisitos no se pueden saber los problemas principales que el cliente quiere resolver y por los que decidió que le merece la pena el coste del proyecto. En enfoques tradicionales nunca preguntábamos sobre la Declaración de Visión del Proyecto, no lo necesitábamos porque creíamos que el éxito se basaba en implementar los requisitos que pedía el cliente en el plazo y coste comprometidos por contrato. Ya sabemos que eso no es cierto, era una falacia, que según avanza la complejidad del mundo empresarial, más grande es.

Ahora, en Agile, en el mundo actual, en los proyectos actuales, necesitamos conocerlo. Dos proyectos, con la misma lista de requisitos, pueden tener declaraciones de visión de proyecto distintas, y eso hace que la priorización de los requisitos o elementos de trabajo de la pila de producto sea distinta, y eso es fundamental para el éxito, pues debemos dedicar más esfuerzo en implementar con más detalle y mejor los elementos de trabajo más importantes, dejando para menos esfuerzo o menos detalles de implementación los que están menos relacionados con conseguir solucionar los problemas identificados en la declaración de visión del proyecto.

Puede terminar el tiempo que se ha estipulado para el proyecto y puede ser que queden ciertos elementos de trabajo por realizar. ¿Sería el proyecto entonces un fracaso? Pues la respuesta puede sorprender. En la mayoría de los proyectos Scrum, cuando terminan, suelen quedar elementos de trabajo en la pila de producto que no se han realizado. Eso es incluso un indicador de que probablemente se ha aplicado correctamente Scrum. La pila de producto (todo el trabajo que había que realizar) es un concepto vivo: aparecen y desaparecen elementos durante todo el proyecto. Cuando termina el tiempo definido y quedan elementos de trabajo sin implementar, si se ha aplicado bien Scrum, estos proyectos tienen más éxito que los que se siguen ejecutando con enfoques tradicionales. Y la razón es que, realmente, el cliente percibe que esos elementos de trabajo que quedan sin hacer son cosas sin importancia, detalles o características de algunos requerimientos sin importancia. El cliente, en el transcurso del proyecto, decidió que era más importante hacer otro tipo de cosas y en eso consiste la entrega de valor. Incluso, hay cláusulas de contrato de proyectos Agile donde se define que el cliente puede parar el proyecto varios *sprints* antes de los previstos según contrato, si considera que el producto que se ha entregado y fabricado hasta la fecha ya le sirve, y no le merece la pena el coste de los *sprints* que quedan por ejecutar con los elementos de trabajo de bajo valor que quedarían pendientes de realizar en ese momento.

En este caso es un ganar-ganar, puesto que, con esta cláusula, en caso de que el cliente parara el proyecto antes de lo previsto (eso significaría una muy alta satisfacción), la organización ejecutora del proyecto cobraría un porcentaje de lo que quedaría por facturar de los *sprints* pendientes, y el cliente se ahorraría un dinero que se hubiera gastado si se hubiera realizado el proyecto con un enfoque tradicional.

Y esto es gracias al principio de priorización por entrega de valor y al principio de desarrollo iterativo.

7.4 DESARROLLO ITERATIVO

Lo primero que debemos tener claro es que el desarrollo iterativo no solo consiste en la entrega de varias versiones durante el proyecto, esto ya era una buena práctica incorporada en las metodologías tradicionales.

El desarrollo iterativo se diferencia del desarrollo incremental en el contenido de cada una de estas versiones del producto que se van entregando a los interesados durante la ejecución del proyecto.

En entornos tradicionales, cuando trabajamos con un enfoque incremental, dividimos el producto en fases donde implementamos bloques de requisitos que están relacionados por la funcionalidad principal que enriquecen. En los cronogramas los requisitos suelen estar representados con una barra en el diagrama de Gantt que indica el periodo de tiempo durante el cual se va a implementar ese requisito en su totalidad. En cada fase se implementan todos los detalles de estos requisitos, tal y como está en la toma de requisitos, y una vez que están todos los detalles implementados se le presenta al cliente para que pueda revisar que hemos hecho lo que nos pidió o lo que nos quería haber pedido. En este punto es donde aparecen los cambios de alcance, o la consciencia de que han ocurrido malentendidos, añadiendo al proyecto una gran masa de trabajo desperdiciado, pues hay que rehacer trabajo ya producido.

En una implementación de Scrum madura no ocurre esto.

Scrum no está diseñado para que el cliente cambie lo que ya hemos hecho, un Scrum bien implementado impide que esto ocurra y consigue que lo que construyen los desarrolladores sea lo que realmente necesitaba el cliente, minimizando los momentos en los que tenemos que rehacer trabajo ya producido.

En entornos Agile, como Scrum, cuando trabajamos con un enfoque iterativo, dividimos los requisitos en pequeñas partes, muy pequeñas, que podemos llamar casos de uso o historias de usuario, dependiendo de la técnica que usemos para escribirlas y documentarlas, que son los elementos de trabajo de la pila de producto. En un enfoque de desarrollo iterativo, en cada fase, en realidad en entornos iterativos las llamamos «iteración», no se implementan requisitos completos, sino que se implementan historias de usuario que pertenecen a varios requisitos, relacionados con varias funcionalidades o utilidades del producto que estamos realizando.

En cada iteración se implementan los elementos de trabajo que sean más importantes en cada momento de los que quedan pendientes de realizar, es decir, que vamos implementando los requisitos del producto a «cachitos», el *product owner* prioriza qué características de los requisitos del proyecto son cada vez más importantes, porque no todas las características de un requisito son igual de importantes o útiles para el cliente o usuario. No todas están igual de alineadas o contribuyen de igual manera a cumplir la visión de declaración del proyecto; por lo tanto, no todas son igual de importantes.

De esta manera, cuando más arriba decíamos que en proyectos Scrum es habitual que al final del proyecto queden elementos de trabajo sin realizar, no estamos diciendo que queden requisitos sin implementar, sino que quedarán algunos detalles de implementación, algunos casos de uso, algunas historias de usuario, sin implementar, que pueden haber sido solicitadas al inicio del proyecto o durante el proyecto, pero que entre los interesados clave del proyecto y el *product owner* han ido bajando su prioridad para priorizar otros casos de uso o elementos de trabajo más importantes para cumplir con el objetivo del proyecto, es decir, solucionar los problemas documentados en la Declaración de Visión del Proyecto.

Imaginemos que nos encargan dibujar un caballo. En un enfoque tradicional, empezamos a pintar desde la cola hacia la cabeza, de modo que, al principio, lo iremos desarrollando con mucho detalle, mucha calidad y muy eficientemente. Pero cuando empiezan a surgir imprevistos o problemas, terminaremos dibujando sin detalle, con baja calidad y, al final, se entregará un producto lleno de defectos que no satisfará al cliente. El enfoque iterativo, el enfoque Scrum, nos invita a ir entregando bocetos, es decir, siempre se entregará una versión completa del caballo. Pero cada versión incluirá más detalles, más historias de usuario, añadiendo cada vez lo que es más importante. Si durante el proyecto el cliente solicita cambio de requisitos, por ejemplo, nos pide un cuello más largo y unas patas más largas, terminaremos dibujando una jirafa y no un caballo, pero al haber ido dándole versiones completas que se van enriqueciendo poco a poco, el «daño» es mucho menor que en un enfoque tradicional.

Veamos un ejemplo de entrega iterativa con el desarrollo de un *software* para gestionar una biblioteca. Este *software* tiene tres módulos básicos:

— Una pantalla de *login* que pide introducir un usuario y una contraseña.

— El módulo de alta-baja y modificación de libros que van a usar los administradores de la biblioteca; tiene que tener una pantalla donde se introduzca el título del libro, el ISBN, el resumen, los autores, si está prestado, cuándo se ha devuelto el préstamo, el número de hojas, el tema del libro, etc.

— Y, por último, otro módulo, que son las consultas que van a usar los clientes de la biblioteca para saber los libros que tiene la biblioteca y en qué lugar se encuentran, que sería una pantalla que debe permitir filtrar por año, por título, por autor, etc.

En un enfoque predictivo, lo más tradicional sería crear este *software* en tres fases: en la primera se haría el *login*; en la segunda, la alta-baja y modificación de libros, y en la tercera, el módulo de consultas. Al final de cada fase habría un control para aprobarla o no, es decir, si se cumplen todos los requisitos tal y como se han pedido, se aprueba esa fase y se puede empezar a programar la siguiente. Si no se aprueba, se tendrán que hacer las correcciones oportunas hasta que el cliente esté satisfecho.

Sin embargo, en un enfoque iterativo, como en <u>Scrum</u>, el *product owner* coge cada una de las historias de usuario y las prioriza. ¿Qué es lo más importante para resolver los problemas que tiene la biblioteca y, por tanto, qué es lo primero que hay que hacer? El *product owner* podría estimar, por ejemplo, cinco *sprints*, de modo que, durante el primer *sprint*, se realizaría una versión de cuatro funcionalidades para que los interesados clave puedan inspeccionarlo, teniendo en cuenta su *feedback* se replanificarían los siguientes *sprints*, normalmente no se suelen estimar más de dos *sprints* por delante, aunque esto dependerá de la longitud del *sprint*. Esta primera versión, inspeccionada al final del primer *sprint*, tendría las siguientes características, según el ejemplo:

— Estéticamente todavía no está terminado.

— El cliente ya podrá ver cómo va a ser la entrada en la pantalla del *login*.

— La pantalla de alta va a ser básica, solo va a pedir título y tema, pero va a ver dónde está colocada, dónde va a estar el menú, etc.

— La consulta de libros simplemente va a listar todos los títulos y temas sin filtros, pero ya se verá una estructura o un boceto de la aplicación.

El *product owner* va haciendo una previsión de lo que es menos importante y, por tanto, estará en los últimos *sprints*. Pero, según va teniendo las distintas *reviews* de cada uno de los *sprints* y se va reuniendo cotidianamente con los clientes y los usuarios, esta previsión va cambiando según puedan ir cambiando las prioridades.

Es fundamental conocer el problema que quiere resolver el cliente. Recordemos que el *sprint* no es una aprobación de fase, sino que es una unidad de tiempo que define con qué periodicidad se va a revisar lo hecho y se va a hacer una inspección del equipo. No hay nada que aprobar. En un proceso tradicional, se tomarían los requisitos, se planificaría el trabajo y se haría el *software*. Pero en Scrum, el *product owner* le pregunta al cliente: «¿Por qué quieres que hagamos esto?». Y el cliente le podría decir: «Porque mi problema es que no gestiono los préstamos de mis usuarios, ya que dispongo de un sistema manual que no me permite saber al final quién tiene el libro y si lo ha devuelto o no». O podría decir: «Gestiono bien los préstamos, pero quiero dar un valor añadido a nuestros usuarios creando una aplicación para el teléfono móvil que permita hacer la búsqueda de libros indicando en qué estantería están». Según el discurso del cliente, el orden de la priorización de tareas sería distinto: en el primer caso, lo que se meterá en los primeros *sprints* será que el cliente vea cómo se hacen las reservas de libros y cómo se devuelven y se dejarán para el final las cuestiones de consulta porque son una necesidad secundaria. En el segundo caso, se dejará para el final el tema de las reservas, de los préstamos y devoluciones, y las tareas de los primeros *sprints* se centrarán en la consulta: filtros, rapidez, que sea *responsive*, etc. De esto va a depender en gran medida el éxito del proyecto: de la priorización correcta del *product owner*.

7.5 COLABORACIÓN

La colaboración en Scrum se ve reflejada en la colaboración coti-diana de los interesados clave con el equipo Scrum. Sin esta co-laboración no estaríamos cumpliendo el principio Agile 4: «Los responsables de negocio y los desarrolladores trabajamos juntos de forma cotidiana durante todo el proyecto». Gracias a esta co-laboración, el *product owner* puede implantar el empirismo y ase-gurar que los desarrolladores realizan el trabajo que realmente hay que realizar, minimizando las posibilidades de cambios sobre el trabajo ya realizado, y por lo tanto, minimizando las posibi-lidades de tener desperdicios. Con esto el *product owner* puede cumplir su misión de maximizar la entrega de valor del equipo Scrum. Durante esta colaboración entre *product owner* e intere-sados clave, conversan sobre la priorización de los elementos de trabajo y la inspección de la entrega de valor realizada.

También se ve reflejada en la colaboración de los desarrollado-res cuando están implementando los elementos de trabajo. Y en este caso no debemos confundir cooperación con colaboración. En la cooperación el trabajo que se produce consiste en la suma de los esfuerzos del trabajo de varias personas en un equipo. Se parece a una carrera de relevos, donde cada participante se encar-ga de una parte del proceso y se responsabiliza de solo esa parte. Es lo que conseguimos cuando trabajamos en una organización por silos o departamentos.

En cambio, la colaboración se parece más a un equipo de *rugby* que coge el balón y juntos avanzan hacia adelante. Todos participan del proceso con igual responsabilidad y compromiso sobre el resultado final. Si el elemento de trabajo fuera hacer un puzle, con la cooperación cada persona se encargaría de un parte del puzle sin ayudar en el resto de partes; sin embargo, con la co-laboración, todos están involucrados en cualquier parte del puzle.

Esta es la razón por la que los desarrolladores se reparten las actividades pertenecientes al mismo elemento de trabajo, en lugar de repartirse elementos de trabajo de la pila del *sprint*.

La colaboración se basa en sus tres pilares:

— **Conocimiento**: Cada persona del equipo sabe qué está haciendo cada una de las integrantes del equipo.

— **Articulación**: El trabajo por realizar se divide en partes pequeñas para construirlo entre todos. Siendo los miembros del equipo multidisciplinares, no limitándose a hacer tareas de un solo área de conocimiento.

— **Apropiación**: Cada miembro del equipo realiza las tareas que considera oportunas teniendo en cuenta sus habilidades, siempre mirando por el bien del equipo y utilizando la tecnología de la forma más eficiente posible.

Para representar estos tres pilares de la colaboración, los desarrolladores utilizan el Scrumboard, que es un panel o radiador de información, que puede ser físico o virtual, donde los desarrolladores reflejan las tareas o actividades por realizar, la prioridad de estas actividades, su estado y en cuál está trabajando cada componente del equipo.

Habitualmente este Scrumboard tiene un aspecto de una cuadrícula, donde cada fila corresponde a un elemento de trabajo y cada columna a un posible estado en el que una tarea puede encontrarse. Dentro de la cuadrícula hay tarjetas, cada tarjeta corresponde a una actividad (no a un elemento de trabajo), que se van moviendo de izquierda a derecha, hasta la última columna, que siempre representa el estado «Terminado». Asociado a cada tarjeta hay un indicador, imagen, icono, que representa la persona que está trabajando en ella.

Cada vez que un miembro del equipo de desarrollo termina una actividad o la avanza de estado, lo refleja en el Scrumboard, y si termina una actividad, se asigna o consensúa con el equipo cuál asignarse para seguir colaborando en la realización del elemento de trabajo en el que estén trabajando en cada momento.

En el Scrumboard suelen mostrarse los 2 o 3 elementos de trabajo de la pila del *sprint* más prioritarios en cada momento, según los elementos de trabajo van cumpliendo la definición de terminado, desaparecen del Scrumboard y aparece por debajo un nuevo elemento de trabajo.

Tiene al menos tres columnas: Pendiente, Trabajando en, Terminado. Pero los desarrolladores pueden añadir o quitar columnas en cualquier momento, según lo vean conveniente para ser eficientes en su colaboración.

Este es un ejemplo de cómo podría ser la apariencia de un Scrumboard. Donde las tarjetas verdes son elementos de trabajo de la pila del *sprint*, y las tarjetas amarillas son las actividades que hay que realizar para implementar cada elemento de trabajo.

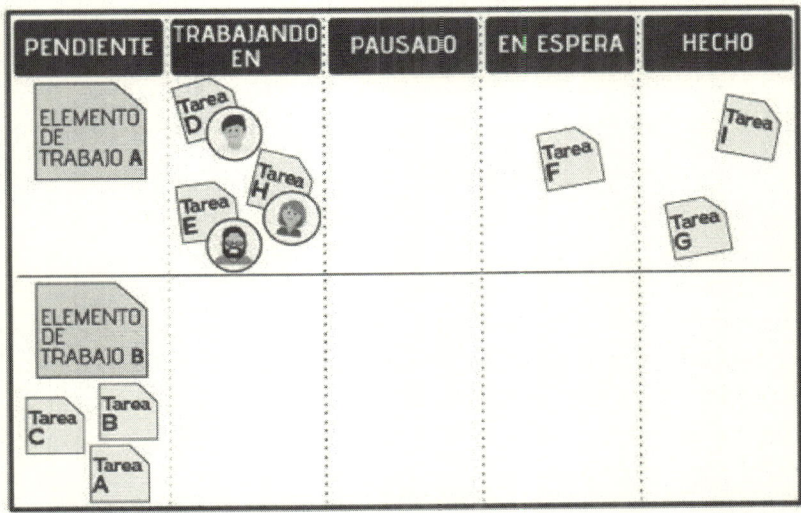

7.6 TIME-BOXING

El concepto de *time-boxing* existe desde hace mucho tiempo en las mejores técnicas de mejora de la productividad y gestión del tiempo. Y es un concepto que ha sido heredado por Agile y las metodologías ágiles.

Consiste en definir un periodo de tiempo para una reunión, realizar una tarea, hacer un análisis, etc. De forma que al terminar esa ventana de tiempo se da por concluida la tarea.

Hemos aprendido en las últimas décadas que esta forma de organizar nuestro tiempo tiene varios beneficios, entre otros:

— Evita el *overthinking*.

— Evita la parálisis por el análisis.

— Mejora la concentración y focalización en la tarea asignada a la ventana de tiempo actual.

— Evita desperdicios de tipo de espera y sobreprocesamiento.

— Reduce costes, al ser más eficientes con el uso del tiempo produciendo trabajo de calidad sin caer en el desperdicio.

Para que funcione, no basta con asignar un tiempo de dedicación y empezar a trabajar, es importante el orden en el que realizamos las actividades relacionadas con la tarea que estamos haciendo. Hay que priorizar esas tareas, empezando a realizar las que son imprescindibles para cumplir el objetivo, aunque en primera instancia no estén refinadas todo lo que podríamos o nos gustaría, a partir de ahí vamos añadiendo detalles, desde los que más aportan al objetivo de la tarea hasta dejar para el final los detalles que menos importan.

Si nos fijamos, podremos encontrar la analogía del concepto de *time-boxing* en el marco de trabajo Scrum. Nos damos cuenta de que un proyecto Scrum es realmente un *time-boxing*, que un *sprint* es un *time-boxing*, incluso cada evento Scrum es un *time-boxing*, y cada reunión que tienen los miembros del equipo Scrum debería ser un *time-boxing*.

Al terminar la dedicación de tiempo asignada a la tarea, dejamos de seguir trabajando en ella, paramos de refinar la tarea, quedarán actividades que podríamos hacer, pero no las haremos, porque ya habremos hecho las más importantes, y lo que quede por hacer serán detalles que no serán necesarios para cumplir el objetivo, de esa forma, nos pondríamos a trabajar en la siguiente tarea que tuvieras que hacer, sin caer en el sobreprocesamiento.

CAPÍTULO 8
PILARES Y VALORES SCRUM

Ahora hablaremos de los pilares y los valores Scrum, algo que es básico. Después de haber entendido cuál es la mentalidad, entenderemos por qué estos elementos de Scrum, junto con los principios Scrum, son los que realmente hacen que funcione este marco de trabajo.

8.1 PILARES SCRUM

Hasta ahora, hemos hablado de esa mentalidad de ser Agile o ser Scrum que implica ser de otra manera, que conlleva hacer las cosas de forma distinta, tomar decisiones diferentes a las que tomaríamos con una mentalidad tradicional. Hablaremos de esas reuniones concretas y de esos artefactos concretos que hay que realizar y que, realmente, podríamos decir que son el esqueleto de Scrum. Pero un esqueleto no se mueve si no está acompañado de nervios y músculos. Estos nervios y músculos que hacen que el esqueleto avance son toda esa mentalidad Agile, los principios Scrum del capítulo anterior y los pilares y valores Scrum que vamos a ver ahora. No se trata simplemente de mantener las reuniones y los artefactos que nos indican, como un product backlog, sino que deben gestionarse de forma correcta, con un enfoque basado en la cultura Agile junto con los principios, valores y pilares de Scrum.

Los pilares en Scrum son necesarios para implantar el empirismo. Recordemos que el éxito de Scrum se basa en el empirismo y en el pensamiento Lean.

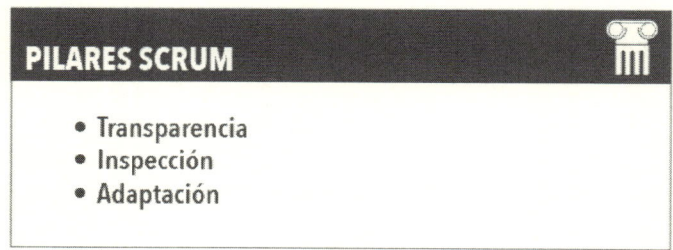

8.1.1 Transparencia

Debe haber una amplia fluidez de información entre todas las personas que forman parte del equipo, además de con el cliente o los usuarios que están participando en la toma de decisiones. Hay algunos conceptos importantes en este pilar de transparencia: uno es la <u>definición de hecho</u>, un concepto crucial a la hora de implantar Scrum. La definición de hecho es importante porque da transparencia a todo el equipo y a la gobernanza, que desea que el equipo se esté acercando a sus objetivos, pero también a los usuarios y al cliente de lo que está hecho y de lo que no está hecho. Parece algo trivial, pero, por ejemplo, en una reunión sobre un proyecto de *software* basado en un enfoque tradicional en la que están el programador, el arquitecto, el jefe del proyecto y el usuario, cada uno puede tener una idea diferente de lo que está hecho: para uno es que esté programado, para otro que esté programado y testeado, para otro programado, testeado y además subido a producción, para otro que además de subido a producción el usuario haya dado su visto bueno, etc. Cada uno puede tener una visión distinta.

Para que el equipo Scrum, gobernanza, usuarios y resto de interesados sepan qué significa que algo está hecho, existe el concepto de definición de hecho (DoD —*definition of done*—) que define cuando una historia de usuario está realmente terminada. La definición de hecho es algo que define el equipo Scrum. Entre el *scrum master*, el *product owner* y los desarrolladores se decide qué es lo que se va a considerar que está hecho. Y esto que está hecho es lo único que se podrá añadir a las entregas de valor que se irán haciendo durante los *sprints* a los interesados clave. Lo que no cumpla a rajatabla la definición de hecho no se añadirá a esa versión. Aunque hubiese estado previsto que en un *sprint* se hubieran terminado diez historias de usuario, si solo cumplen la definición de hecho ocho de ellas, solo entregaremos estas al cliente. Sobre las otras que no cumplen la definición de hecho podrán hacerse reuniones específicas o analizarlo en la retrospectiva del *sprint* para descubrir qué ha ocurrido y ver si hay que mejorar algo, o si es algo que no ha podido terminarse porque se ha incorporado otro trabajo en el *sprint*, o cualquier otro evento o antipatrón de Scrum que haya sido la causa, pero la calidad nunca se sacrifica. Y la definición de hecho es el baremo de calidad en un equipo Scrum. Pongamos un ejemplo, una definición de terminado en un proyecto de *software* podría ser:

— Se han cumplido sus criterios de aceptación.

— Ha pasado todos los test automatizados.

— Se ha hecho la prueba de integración con el resto del *software* previo.

— Se ha realizado una revisión de código estático.

Con que falte uno de esos puntos ya no se considera que está hecho y no estará preparado para entregárselo al cliente. Preferimos no entregar algo que realmente todavía no está terminado. Esto es transparencia.

También desarrollamos la transparencia cuando el equipo está hablando y hay <u>confianza</u>, que está asociada a la primera disfunción de un equipo, dentro de las cinco disfunciones de Lencioni. La primera, como decimos, implica ausencia de confianza entre los miembros del equipo para expresar sus opiniones libremente independientemente del nivel o de la experiencia que tenga cada uno. Todos deben sentirse en confianza para poder hablar sin temor a represalias, sin temor a ser recriminados o juzgados por pensar distinto a los demás. Las personas que por escuchar opiniones contrarias a las suyas crean conflictos dentro del equipo son el tipo de personas que ya no se quiere tener en las empresas.

Otro concepto que tiene que ver con la transparencia es que <u>los hechos e incrementos son los que son</u>. La versión que se inspecciona al final del *sprint*, lo que llamamos incremento de producto, es el incremento que hay, es lo que se tiene y es lo que ha dado tiempo a fabricar hasta ese momento. No se intenta cambiar nada ni se intenta engañar al cliente diciendo que se ha conseguido algo y que ese «algo» realmente no esté tan conseguido porque no cumple los criterios de terminado, y por lo tanto no llega al nivel de aseguramiento de calidad definido para el proyecto. Si tenemos algo que parece que funciona pero no cumple toda la definición de hecho, ¿lo entregamos al cliente para que vea un avance o no? La respuesta Scrum es clara: no lo entregamos si no cumple la definición de hecho. Se es muy estricto en ese sentido para poder cumplir con la transparencia. El cliente debe tener acceso a la pila de producto y a las sesiones de priorización y debe conocer los riesgos y los errores que se cometan durante el proyecto.

8.1.2 Inspección

Con una buena transparencia se puede hacer una buena inspección. Un equipo Scrum está inspeccionando continuamente cómo va el proyecto. La inspección es la herramienta que se utiliza en Scrum para enriquecer la gestión de riesgos tradicional. Se inspeccionan todas las métricas que se puedan incluir en el *software* (de funcionamiento, de rendimiento, de errores, cifras de trabajo, medidas de uso de funcionalidades, *feedback* de los usuarios, etc.); se inspecciona, por ejemplo, cómo se está entregando valor al cliente: si el cliente está satisfecho con lo que se va entregando, si realmente hay un buen equilibrio entre lo que se entrega de valor y el esfuerzo en horas de trabajo; se inspecciona cómo es el trabajo en equipo. Y, a partir de esas inspecciones, se podrá ver exactamente la realidad y las evidencias de lo que tenemos entre manos y el resultado de la inspección podrá ser bueno o malo. Existen reuniones específicas para hacer todo esto y, cuanto más a menudo se hagan inspecciones, más controlado se tendrá el riesgo. La forma de gestionar el riesgo en los entornos volátiles como los actuales es aplicar el empirismo con la transparencia, la inspección y la adaptación.

La inspección se puede hacer cuando hay transparencia en la información, cuando todo el mundo tiene la misma información. Cuando inspeccionamos frecuentemente nos damos cuenta antes de la existencia de algún imprevisto o el aumento de la exposición a un determinado riesgo: problemas de comunicación en el equipo, que no se está creando el producto que necesitamos, que no se va a cumplir el objetivo del *sprint* o del proyecto o que, según las evidencias que tenemos, puede darse algún impedimento. Cuantas más inspecciones se hagan, más controlados estarán los riesgos del proyecto.

El *sprint* es una unidad de tiempo que dirá cada cuánto deben realizarse las reuniones de inspección de final de *sprint*. Por eso un equipo Scrum ya maduro tiene *sprints* más cortos que un equipo Scrum que está empezando. Normalmente, el equipo Scrum que está empezando no es capaz de crear versiones y de inspeccionar cada semana, sino que empiezan con *sprints* de un mes máximo. Y eso ocurre porque la tecnología y habilidades necesarias todavía no están maduras: las automatizaciones, las pruebas, las reuniones eficientes... Pero, según el equipo va avanzando —va siendo cada vez más Agile y más Scrum— y va desarrollando su excelencia técnica, es capaz de entregar versiones y de hacer *sprints* más cortos. Y eso quiere decir que aumentarán la frecuencia de las inspecciones porque, al finalizar cada *sprint*, veremos que hay dos reuniones muy importantes que tienen que ver con la inspección y la adaptación, que son la revisión del *sprint* y la retrospectiva.

8.1.3 Adaptación

Haremos una buena adaptación si hemos sido transparentes en la información y si hemos inspeccionado basándonos en evidencias cómo van los distintos aspectos del proyecto y su entorno. Una inspección autocrítica, honesta y veraz puede dar resultados no deseados que, además, conocerá el cliente; y esa situación debe aceptarse. Es aquí donde entra la adaptación: de nada sirve ser transparente e inspeccionar si después no se toman medidas para corregir lo negativo que se ha encontrado en las inspecciones; por ejemplo, podríamos necesitar adaptar:

— La pila de producto, es decir, el trabajo que hay que hacer o la prioridad de ese trabajo.

— Los conocimientos y habilidades del equipo, aprendiendo nuevas tecnologías o nuevas técnicas.

— Los procesos y las automatizaciones que tenemos implementadas.

— Las métricas. Las métricas e indicadores son necesarios para la recogida de evidencias en las que basarnos para tomar decisiones, eso es utilizar el empirismo. Si de esa gran cantidad de datos que el equipo Scrum va obteniendo a través de esos paneles de control, algo se sale de los umbrales que se consideran adecuados, se sabrá que algo no esperado está ocurriendo. Además de que nos servirán en caso de tener que investigar el origen de un funcionamiento no deseado del producto entregado.

— El propio equipo, por ejemplo, haciendo talleres para superar las cinco disfunciones de un equipo, o para trabajar la gestión de conflictos, o para utilizar la estructura liberadora TRIZ o 124-All para obtener ideas de mejora o cómo ser más eficientes. En definitiva, talleres de desarrollo de equipo.

— La definición de hecho, que puede variar y modificarse según avanza el proyecto. Veamos un ejemplo de en qué situación el equipo puede decidir cambiar la definición de hecho. Imaginemos un proyecto en el que se están entregando demasiados errores, es decir, a pesar de la excelencia técnica y de los testeos, cuando se libera el producto al cliente o a los interesados clave y empiezan a usarlo, reportan demasiados defectos y errores. En este caso, normalmente una mala decisión sería fortalecer el equipo de Q&A (Aseguramiento de la Calidad) introduciendo más personas en él para testear más y mejor, cuando, realmente, ya hemos aprendido en las últimas décadas que lo que hay que hacer es aumentar la excelencia técnica para crear lo que se llama la **calidad en el origen**, es decir, que los desarrolladores ya fabriquen con cero defectos. Esto es posible y, dependiendo del sector en el que estemos aplicando Scrum, será más o menos fácil; en cualquier caso, hay que seguir innovando y utilizando los avances tecnológicos a nuestro favor. Por ejemplo, en el sector del *software* gracias a técnicas como la programación dirigida por test o las revisiones de código estático, podemos crear código más libre de errores y defectos que con un departamento de Q&A fuera del equipo Scrum. O implementando el Code Review, que según los estudios encuentra 10 veces más errores que una persona probando el *software*. En estos casos, con una tasa de entrega de defectos alta en un proyecto, una buena decisión en un proyecto Scrum sería cambiar la definición de hecho para que sea más estricta, es decir, ampliando los criterios de definición de terminado. El ser más estrictos en la definición supondrá dedicar más tiempo que antes en cada elemento de trabajo y terminar menos elementos de trabajo durante un *sprint*. Se irán entregando en cada *sprint* menos funcionalidades, pero estas no tendrán defectos o al menos tendrán menos defectos o errores. Eso es un efecto positivo para el proyecto. Y paralelamente, se debe trabajar en la mejora de la tecnología o técnicas de trabajo que estemos usando, en las automatizaciones y formas más eficientes y más seguras de trabajar. A corto plazo, dependiendo de la dedicación que se haga a estas mejoras, se volverá al ritmo de entrega de valor anterior o superior y además con una calidad superior.

En resumen, transparencia, inspección y adaptación son tres pilares que no se quedan en el cajón, sino que hay que trabajarlos y tienen que estar implementados para poder ser realmente empíricos en la toma de decisiones, y de esta forma, ir madurando en nuestra implementación de Scrum para ir consiguiendo mayor número de proyectos exitosos.

Recordemos que los pilares implican algo que hay que vivir y hay que experimentar si no queremos que nuestro proyecto vaya mal (aplicar la transparencia, la inspección y la adaptación continuamente y cuanto más frecuentemente mejor; recordemos que el *sprint* es la unidad de tiempo que define cada cuánto se va a auto-inspeccionar el equipo para aumentar la entrega de valor). También existen reuniones diarias, que veremos más adelante, para que los desarrolladores se inspeccionen y adapten diariamente para conseguir el objetivo del sprint.

Por eso lo más conveniente es que los *sprints* sean lo más cortos posible para así aumentar la frecuencia de la inspección junto con los interesados clave. Volvemos a recordar esta idea de aumentar la frecuencia de inspección para minimizar la posibilidad de que algún riesgo emergente pueda dañar nuestro proyecto, porque es muy importante para tener éxito en la aventura de madurar Scrum en nuestra organización.

8.2 VALORES SCRUM

Los valores Scrum son actitudes que las personas que forman parte de un equipo Scrum deben tener para que Scrum madure, serán la brújula para la toma de decisiones correctas. Los valores son cualidades, enfoques y formas de actuar que hay que desarrollar en cada una de las personas del equipo Scrum. Y, aunque cada miembro debe encargarse de desarrollarlos, el *Scrum master* tiene que estar pendiente de que, efectivamente, estos valores se están aplicando en cada una de las personas y en cada una de las acciones del equipo.

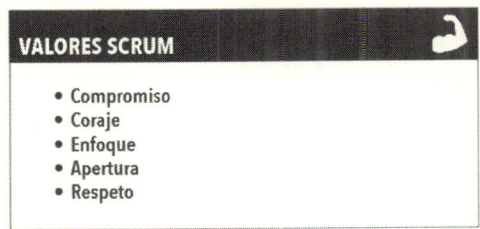

VALORES SCRUM

- Compromiso
- Coraje
- Enfoque
- Apertura
- Respeto

8.2.1 Compromiso

Se refiere a que es más importante el éxito del equipo que el éxito individual. En un entorno tradicional quizás los miembros de un equipo aspiran a que la gobernanza les valore como individuos independientes, que el reconocimiento y la productividad sea a nivel personal, lo que puede conllevar que sean más reacios a compartir sus conocimientos. Scrum no busca ese tipo de personas, sino aquellas que enseñan al equipo porque lo que importa es el resultado del conjunto y no el resultado individual de cada uno de los miembros. Si uno de los miembros del equipo está teniendo una baja productividad, el resto debe ayudar porque eso estará afectando al resultado de todo el equipo. El compromiso supone, por tanto, poner por delante el éxito del equipo con respecto al éxito individual. Para desarrollar este valor en las personas tiene mucho que aportar la gobernanza y el departamento de recursos humanos de la organización. Por ejemplo, con respecto a las primas, o las valoraciones, o los objetivos que se definen dentro de una organización, en las organizaciones ágiles se están ofreciendo a los equipos y no a las personas, porque es difícil que una persona tenga compromiso con el equipo cuando sabe que desde la gobernanza se le va a valorar a ella personalmente. Aunque un *Scrum master* le insistiera en que vele por el equipo, esa persona, lógicamente, tratará de resaltar individualmente.

Es un gran avance cuando las organizaciones ya no valoran a las personas por su productividad individual, sino por su capacidad de hacer equipo, es decir, ¿qué opinan tus compañeros sobre cuánto aportas de lo que sabes al equipo?, ¿qué opinan tus compañeros sobre tu capacidad de gestionar conflictos de forma constructiva?, ¿cuánto participas en la toma de decisiones y cómo te comprometes con esas decisiones?, ¿cuánto has desarrollado tu inteligencia emocional y la posibilidad de crear ideas ante algo que va mal? Por tanto, se valora a la persona por su capacidad de hacer equipo y de desarrollar el equipo al que pertenece, más que por sus conocimientos técnicos y su productividad individual. Y, después, se valora al equipo por la productividad que tiene al completo. De esta manera es como se ayuda a que las personas realmente desarrollen este valor de compromiso. En Scrum, todos van juntos en el proyecto; cuando hay elementos de trabajo y tareas que realizar, todo el equipo de desarrollo se pone a trabajar en esos elementos de trabajo porque todos son responsables de todo y, por ende, los fallos son de todo el equipo. Cuando llega un elemento de trabajo que se ha elegido implementar en un *sprint*, se divide en pequeñas tareas técnicas que todos los miembros del equipo se reparten y que, entre todas, terminarán la historia de usuario. De esa manera el equipo se compromete por cada labor y cada historia de usuario que realiza, porque todos han participado y todos son propietarios de los resultados.

8.2.2 Coraje

El coraje o valentía va a ayudar a superar dos disfunciones del equipo: la falta de compromiso y la ausencia de confianza. El coraje tiene que ver con ese valor personal de salir de la zona de confort o, mejor, de ampliar la zona de confort: aprender cosas nuevas y herramientas nuevas. Es decir, supone tener valentía para intentar probar nuevas técnicas y nuevas formas de trabajar, sin conocerlas, porque el equipo lo haya decidido así. Empezar a usar una herramienta que nunca se ha utilizado es salir de la zona de confort y ello provoca miedo. En Scrum se pide valor para aprender cosas nuevas y salir de la zona de confort. También se pide valor para hacer gestión basada en evidencias porque, cuando se recogen datos y métricas, las decisiones se tienen que tomar de acuerdo con esos datos para cumplir con el método científico que se nos pide en el empirismo y eliminar todos los sesgos psicológicos que se tienen cuando estamos valorando información. Los sesgos psicológicos (por ejemplo, creer que algo que vale 1,99 es más barato que algo que vale 2) hacen que algunos datos parezcan ciertos o de sentido común, aunque sean engañosos (en el entorno laboral hay muchos sesgos psicológicos en los que caémos al valorar información, como, por ejemplo, el sesgo del francotirador). Esos sesgos psicológicos son los que hay que tener en cuenta cuando se valoran los datos y las evidencias, y para ello hace falta coraje. Valen más los datos y las evidencias que las opiniones personales. Edward Deming decía que sin datos no somos más que otra persona dando nuestra opinión. Equipos Scrum ya evolucionados y maduros pueden tomar decisiones que van en contra de lo que ellos opinan que es correcto porque saben que su opinión es meramente eso: una opinión. Si obtienen datos de las métricas que recogen, o del *feedback* que reciben de los clientes o de los usuarios que van a usar el producto, y esos datos y los testeos evidencian que lo que tienen que hacer es distinto a lo que opinan, tomarán la decisión basada en esos datos y no en sus opiniones, con un correcto análisis y eliminando los sesgos, por supuesto.

En definitiva, coraje es hacer lo que hay que hacer cuando haya que hacerlo.

8.2.3 Focalización

Tiene que ver con el décimo principio del Manifiesto Agile, que es la simplicidad o el arte de maximizar la cantidad de trabajo no realizado.

En un entorno tradicional, el foco suele estar, habitualmente, en la cantidad de tareas que se hacen, en cumplir o no un plan preestablecido, aunque ese plan no se corresponda con lo que necesita el cliente o aunque no satisfaga al usuario. Y todo ello a costa de la calidad, con tal de llegar a un hito y cumplir con los requisitos previstos en el plan.

En Scrum esto no sucede porque existe la definición de hecho y la transparencia, de tal modo que nada va al incremento de producto si no cumple la definición y, como hay transparencia, los incrementos son los que son y así se presenta al cliente. Esto es lo que ayudará al equipo a ser más eficiente y lo motivará para buscar maneras de gestionar esa ineficiencia que hace que no se esté cumpliendo con lo establecido, provocando la insatisfacción del cliente. La transparencia implica poner sobre la mesa la realidad y ese es el acicate que motiva al equipo para ser cada vez mejor y más eficiente.

También, en un entorno tradicional, el foco estará en cumplir unos tiempos, independientemente del valor que se está aportando, incluso con exceso de trabajo bajo la falsa creencia de que las horas extras ayudarán a conseguir el éxito, ya que dependerá de la calidad del trabajo realizado en esas horas, y no de la cantidad.

En un entorno Agile el foco se centra en generar más resultados con menos trabajo, se centra en la entrega de valor. Los desarrolladores, y cada miembro del equipo Scrum, al final de la jornada de trabajo, se preguntarán: «¿Realmente estamos avanzando?, ¿estamos solucionando problemas o solo estamos trabajando?, ¿realmente el trabajo va orientado a solucionar problemas y a aumentar la satisfacción de nuestros clientes, o solo a cumplir las horas establecidas de dedicación? Esta es la verdadera focalización que debe tener el equipo Scrum: en qué medida se está consiguiendo la satisfacción de los usuarios. Por eso, cuando hablemos de la pila de producto, una de las partes que tiene que tener esa pila de producto es para qué lo quiere el cliente, representado por la Declaración de Visión del Proyecto.

En un entorno tradicional, cuando se realizaba la toma de requisitos a los clientes y se hacía el análisis de estos, no se preguntaba por qué pedían tal o cual requisito. Por ejemplo, si el cliente pedía un informe de ventas trimestral o una funcionalidad que calcula automáticamente la media de las ventas por zona, o una característica del producto que nos encarga, estos requisitos y cálculos se incluían en el plan, haciéndose sin preguntar por qué se pedían, cuál era su finalidad, qué problema quería resolver el cliente con ellos.

En un entorno Scrum nos focalizamos en crear soluciones. El *product owner*, cuando toma los requisitos de los clientes, pregunta: «¿Por qué lo quieres?, ¿para qué lo quieres?, ¿qué problema de negocio te va a solucionar?». Estas preguntas son imprescindibles en Scrum y deben estar incluidas en las historias de usuario, esa es la razón por la que en la técnica de gestión de requisitos basada en «Historias de Usuario» la «Voz de la Historia» contiene un apartado que describe el «para qué» se necesita cada historia. En un proyecto Scrum, los requisitos de los clientes son <u>sugerencias</u> de estos para solucionar sus problemas de negocio. Pero los expertos en construir el producto que nos han encargado son los miembros del equipo y, por tanto, son los que tienen que saber cuál es el problema que el cliente quiere resolver con esa sugerencia, ese requisito o esa funcionalidad. Con lo cual, podremos ofrecer al cliente alternativas para solucionar su problema de negocio de una manera más eficiente y con menos esfuerzo. Y solo si el equipo Scrum conoce por qué quiere el cliente esa funcionalidad, se podrá encontrar la manera más eficiente de solucionar el problema de negocio.

Además, podría ocurrir que, a partir de estos cuestionamientos, el cliente descubra que tiene otros nuevos requisitos o que no mencionó algo que era importante. Al ofrecerle varias alternativas, efectivamente, puede darse cuenta de que puede necesitar otras cosas. Y cuanto antes ocurra esto en el proyecto mejor podremos gestionarlo. Cuando nos introduzcamos en detalle en la pila de producto, veremos que las historias de usuario son características de los requisitos, es decir, si hay que hacer un informe, la historia de usuario no es el informe en sí. En los entornos tradicionales ese informe era un requisito y estaba en la planificación del proyecto con todas sus características: se haría en una fecha determinada, supondría un tiempo determinado y lo harían tantas personas. En un entorno Agile no es así. Cuando hablemos de cómo hacer una pila de producto en Scrum, veremos que ese requisito que puede ser, por ejemplo, un informe, se divide en muchas historias de usuario: una puede ser poner las columnas más importantes, otra añadir unas columnas secundarias, otra añadir subtotales, otra exportar en Excel, otra exportar a PDF, otra unos filtros muy básicos y primordiales y otra unos filtros secundarios que no son tan importantes... De tal manera que lo que antes era un requisito en el enfoque tradicional, en el que se hacía todo a la vez y hasta que no estaban todas las columnas y todos los filtros no se consideraba terminado el informe, ahora en Scrum se hace una construcción iterativa dividiendo ese informe en funcionalidades más pequeñas. Imaginemos varias historias de usuario que son distintas características del informe y que cada una tenga una prioridad distinta. Cuando al cliente se le ofrecen alternativas y este pide que se añada o modifique algo, se da de alta este nuevo requisito como historia de usuario y se le pregunta al cliente qué importancia tiene con respecto al resto de historias de usuario. El *product owner* va priorizando esas historias de usuario, de tal manera que en un *sprint* se decida añadir, por ejemplo, dos filtros más; y dos *sprint* después se decida exportar a PDF; y quizá la historia de usuario de exportar a Excel nunca se haga porque el cliente encontró otros detalles más importantes que exportar ese informe.

Por todo ello, el *product owner* debe estar en continuo contacto con el cliente para generar la priorización de esa pila de producto y es muy deseable, además, que conozca su negocio. Y, si no lo conoce, esas entrevistas de toma de requisitos y priorización que tienen continuamente durante el proyecto servirán para que vaya entendiéndolo.

Volvamos al ejemplo del informe: el cliente pide un informe de ventas trimestral por zonas y se le pregunta por qué le interesa conocer este dato. La razón es que los jefes de ventas de zona cobran una comisión que se añade trimestralmente en las nóminas. El *product owner*, aun sin ser experto en ese negocio, puede estimar que resulta mucho menos costoso, en tiempo y en esfuerzo, modificar las nóminas automáticamente con cálculos internos de las ventas por zona que elaborar un informe. Y el cliente verá satisfecha su necesidad, además, por menos coste. Si el *product owner* no percibiera esta mejora, pueden ser los desarrolladores los que la propongan y juntos, desarrolladores y *product owner*, se lo presentarán al cliente. Focalización es conseguir la mayor satisfacción del cliente con el menor esfuerzo posible.

8.2.4 Apertura

Este es quizá el valor más importante, la base de todo.

Para entender la apertura podríamos recurrir a una leyenda india que dice lo siguiente:

> Seis sabios ciegos nunca habían visto un elefante. Decidieron entonces palpar al elefante colocándose cada uno en una parte del animal sin poder moverse. El que tocaba la cola decía que un elefante era como una cuerda: dura, flexible y fuerte. El que tocaba la pata pensaba que su colega no era tan sabio porque un elefante era como una columna: robusta, que soporta peso. El que tocaba la oreja, despreciando a sus colegas por su ignorancia, dijo que el elefante era un abanico. Y afirmaba que los otros estaban totalmente equivocados en su percepción. Otro tocaba un colmillo afirmando que era una lanza. Para otro la trompa era una serpiente. Y para el último el cuerpo era como un muro. Cada uno empezó a defender su punto de vista, considerando

equivocados los de sus compañeros. Manteniendo esa actitud nunca podrían imaginar cómo es un elefante. Sin embargo, si hubieran dedicado su tiempo a entender el punto de vista de sus compañeros, sabiendo que no deja de ser otro punto de vista de la realidad, entre todos podrían terminar haciendo un boceto de cómo es un elefante.

Esto representa perfectamente cómo debe funcionar un equipo Scrum: si cada miembro del equipo Scrum no está abierto a las ideas y puntos de vista de sus compañeros, jamás verán claramente el elefante que tienen delante, el problema que tienen sobre la mesa y, por tanto, la mejor solución que pueden aplicar en cada momento. Todos tienen razón, pero ninguno tiene acceso a la verdad completa, porque valoran las cosas de forma distinta. Si se unen y aportan sus puntos de vista y existe apertura para escuchar las diferentes opiniones, quizá puedan encontrar lo que de verdad tienen sobre la mesa.

La apertura ayuda a desarrollar la inteligencia colectiva. El éxito de Scrum se basa en la inteligencia colectiva. Y no solo de Scrum, sino de cualquier organización Agile. La inteligencia colectiva se desarrolla con apertura. Nuestra percepción de la realidad mejora cuando incorporamos distintos puntos de vista. Por eso en Scrum se valora muchísimo los equipos multifuncionales, es decir, personas que se organizan a través de foros o gremios y hacen reuniones periódicas para conocer otra forma de hacer las cosas y adquirir nuevos conocimientos. Cuanta más apertura haya para conocer y entender los puntos de vista de otros trabajadores, ya sea que hagan nuestro mismo trabajo u otro distinto, más crecerá la inteligencia colectiva del grupo, y eso hará que puedan tomarse decisiones mejores y más rápido, siendo, a la vez, más conscientes de cómo afecta nuestro trabajo a las demás personas del equipo o del proyecto. Y, lógicamente, también ayudará al grupo a ser cada vez más innovador porque se extraerán ideas mucho más productivas.

8.2.5 Respeto

Lógicamente este valor no solo se refiere al respeto verbal, que es básico y se sobreentiende, sino del respeto al escuchar.

Hablamos de una escucha activa, en el sentido de que escuchar con respeto no es escuchar en silencio. Esto se entenderá mejor con un ejemplo: ante la exposición de un problema por parte de un compañero, no sería una escucha activa estar callados mientras meditamos cómo rebatir más tarde los argumentos con los que no estamos de acuerdo, sino que escuchar activamente implica escuchar con respeto y apertura; intentar entender por qué el orador, que tendrá experiencia y será valioso, tiene ese punto de vista diferente al nuestro. Y esa actitud de respeto derivará en una discusión productiva y constructiva para tomar la mejor decisión.

El respeto también tiene que ver con la gobernanza. La gobernanza debe dejar que los equipos se autogestionen y se autoorganicen para cumplir los objetivos que se les han marcado. Que corresponde al principio 5 del Manifiesto Agile. No es más que respetar las capacidades de las personas que trabajan en nuestra organización y tener confianza en ellas. Confianza y respeto, en este caso, van unidos.

Podría surgir la cuestión de cómo depositar esta confianza en todas las personas de un equipo cuando a lo mejor algunas de ellas no tienen esas capacidades desarrolladas y necesitarían de más control. Para empezar, ya dijimos anteriormente que en los procesos de selección de las nuevas empresas ágiles se da más importancia a estas capacidades que a la formación técnica. Y también dijimos que, en el caso de que alguno de los miembros del equipo tenga carencias en este sentido, estas capacidades pueden ir desarrollándose poco a poco. Las personas no están preparadas para ser Scrum o Agile de un día para otro, sino que se trata de una evolución, de un desarrollo progresivo de esos pilares y valores, y de los conocimientos técnicos que necesitan. Una de las funciones, como vimos, del *Scrum master* es la de desarrollar a estas personas para que puedan ser Agile y Scrum. Y en ocasiones se apoya en el *Agile coach,* que tiene el rol de ayudarle precisamente en desarrollar esas capacidades mediante talleres o actividades.

En definitiva, debe haber confianza y respeto por parte de la gobernanza en los equipos y en las personas. Y si hay miembros del equipo que no están del todo preparados, en los inicios de un Scrum se suele asignar una persona dentro de este para ayudar a la organización, pero sería un Scrumbut, es decir, que deben existir acciones para algún día poder eliminar este Scrumbut. Al principio se debe ser flexible y tomar ciertas medidas no puristas Scrum (los Scrumbut), con cuidado, asesorados por un *Scrum master*, para ir desarrollando a las personas y a la organización como queremos, hasta que estén preparadas y poder ir eliminando los Scrumbut que enturbian un Scrum maduro.

CAPÍTULO 9
ROLES SCRUM

Hasta ahora hemos visto esos músculos y esos nervios que hacen funcionar la maquinaria Scrum. Ahora vamos a empezar a ver el esqueleto. Es muy importante tener claro que no basta con hacer reuniones y tener definidos los roles, sino que esas reuniones y esos roles deben cumplir con sus responsabilidades, con los enfoques y la forma de pensar que hemos visto anteriormente, es decir, toda la cultura Agile y Scrum, con sus valores, principios y pilares, que lo diferencian de un enfoque tradicional, que, como ya hemos aprendido, no es la mejor manera de gestionar proyectos en los entornos cada vez más VUCA (Volatile, Uncertain, Complicated, Ambiguous) en los que trabajamos en la actualidad.

9.1 ROLES SCRUM

Los roles Scrum son tres:

— ***Product owner* o propietario de producto**: Una persona con este rol asignada a cada equipo Scrum.

— ***Scrum master***: Una persona con este rol asignada a cada equipo Scrum.

— ***Developers* o los desarrolladores**: No decimos «equipo de desarrollo», esa es una nomenclatura antigua que ha generado malentendidos y antipatrones en algunas implementaciones de Scrum. Serán una o varias personas dedicadas a diseñar, crear, probar y entregar el producto que tiene por misión el equipo Scrum.

9.1.1 Product owner

Si hacemos una analogía de los roles Scrum con la música, el *product owner* es el encargado de escribir la partitura, de decir qué notas hay que tocar y en qué orden hay que tocarlas para que la pieza tenga valor y suene de forma armoniosa. Su principal responsabilidad es maximizar el valor de negocio que entrega el equipo, es decir, es el responsable de que cada nueva versión que se entrega al cliente contenga las cosas más importantes que se podían hacer hasta ese momento. Y es importante diferenciarlo de un director de proyecto porque más adelante veremos que las responsabilidades tradicionales de un director de proyecto, en Scrum, se van repartiendo entre el *product owner*, el *Scrum master* y los desarrolladores.

La misión del *product owner* no es confirmar que se cumplan todos los requisitos que se presentaron al inicio del proyecto, como lo haría un director de proyecto tradicional, sino que se compromete a que cada versión que se entrega al cliente contenga las funcionalidades y las características más importantes que se podrían hacer en el tiempo que llevamos de proyecto.

Debe ser un buen comunicador y hacer una escucha activa cuando se están recogiendo requisitos porque, más tarde, esa toma de requisitos la transformará en elementos de trabajo de la pila de producto, preferentemente como «historias de usuario», y porque deberá explicarlo a los desarrolladores para que entiendan lo que se debe hacer. Debe también conocer el negocio del producto que se está fabricando. No se trata de que sea un experto, puesto que, por ejemplo, una empresa de servicios de *software* desarrollará *software* para farmacéuticas, banca, industria, etc., sino que debe empezar a entender cada uno de esos negocios si no los conoce. El *product owner* no se limita, por tanto, a tomar nota de lo que le piden y a transformarlo en historias de usuario sin entender cuál es el proceso de negocio o la necesidad de los usuarios o cliente que está ayudando a implementar o cubrir porque, recordemos, que en Scrum lo importante no es seguir un plan, sino que el foco está en satisfacer las necesidades del cliente para poder entregarle valor.

El *product owner* prioriza y ordena la pila de producto, teniendo en cuenta el esfuerzo y el valor para el éxito del proyecto. Cuando está optimizado por valor y esfuerzo, intrínsecamente también está priorizando por riesgo, porque cuanto antes se eliminen riesgos importantes, más aumentarán las posibilidades de éxito de nuestro proyecto. Por tanto, en la priorización, el *product owner* tiene en cuenta los riesgos, el valor de negocio, el esfuerzo y las dependencias que existen entre unas historias de usuario y otras, es decir, entre unos elementos de trabajo y otros.

El *product owner* debe conseguir que los elementos de trabajo cumplan la Definición de Ready (DoR) a la primera. Tiene que tener definidos claramente los elementos de trabajo. Es lo que se conoce como Definición de Ready (no confundir con definición de hecho: cuando un elemento de trabajo ya ha pasado todos los test y todas las pruebas y se puede incorporar al incremento de producto, es decir, a la versión que entregamos a los interesados clave). La definición de Ready tiene lugar antes de la definición de hecho; se produce cuando el *product owner* documenta los elementos de trabajo, los describe y establece los criterios de aceptación, que veremos más adelante. Debe estar claro, completo y sin ambigüedades, para que los desarrolladores puedan estimar el esfuerzo que les va a llevar implementar ese elemento de trabajo. Si no está claro y surgen dudas entre los desarrolladores, se producen los llamados <u>desperdicios de espera</u>, porque implican que el *product owner* tenga que consultar al cliente para que este le resuelva las dudas y luego tendrá que explicar la resolución a los desarrolladores. Todo este desperdicio produce ineficiencia en el equipo. Por eso el *product owner* tiene como responsabilidad intentar escribir y definir las historias de usuario o los elementos de trabajo de la pila de producto, de forma que estén completos y claros, es decir, que estén *ready* para que los desarrolladores los puedan estimar y sean ya susceptibles de que, en un futuro *sprint*, puedan ser implementados. La Definición de Ready es un documento vivo que puede servir de unos proyectos a otros, que describe la información que debe contener las historias de usuario, dependiendo de su naturaleza, incluso la forma de representarla utilizando modelado de requisitos.

Adicionalmente, recordamos que el *product owner* no dirige a los desarrolladores. Y esto no es fácil de conseguir porque es habitual que personas que eran directores de proyecto se reubiquen como *product owner* y tiendan a seguir con su estilo de liderazgo sobre lo que hacen los desarrolladores, cuando, en realidad, el *product owner* establece los elementos de trabajo y deja a los desarrolladores la responsabilidad de organizarse y cumplir con la pila del *sprint* que se ha acordado. En otro caso, el *Scrum master* deberá intervenir eliminando ese impedimento, enseñándole al *product owner* que su rol ya no es el de director de proyecto, que todos están en el mismo nivel de jerarquía y responsabilidad.

Si la misma persona que es *product owner* también es desarrollador, quizás por sus capacidades de fabricación, de diseño, de arquitectura, u otros conocimientos técnicos, y participa en el diseño o fabricación del producto, debe saber diferenciar su participación de ambos roles en cada momento, o estará perjudicando el desarrollo de la madurez de Scrum.

El *product backlog* o pila de producto es donde está la lista de todos los elementos de trabajo pendientes de realizar en el proyecto. El *product owner* se asegura que sea entendible por todos (transparencia): cliente, miembros del equipo, *Scrum master*, *stakeholders*, patrocinadores o *sponsors* del proyecto, etc.; y ello porque a ella tienen que tener acceso todos ellos, tiene que estar abierta. Aunque es el *product owner* el responsable de modificarla, los principales usuarios, interesados clave y los miembros del equipo deben poder consultarla en todo momento.

Burnup chart

Esta gráfica la mantiene el *product owner* y representa cómo va el proyecto, más que desde el punto de vista del coste, desde el de las historias de usuario que están en la pila de producto. En esta gráfica de líneas, el eje horizontal representa los *sprints* del proyecto y el eje vertical número de puntos de esfuerzo. En esta gráfica se actualizan dos líneas, una representa los puntos de esfuerzo acumulados realizados al final de cada *sprint*, y la otra representa el total de puntos de esfuerzo que ha habido y hay en la pila de producto al final de cada *sprint*.

El *product owner* es el responsable de la satisfacción de todos los interesados y, por lo tanto, debe controlar tanto el coste como el tiempo del proyecto. Al finalizar cada *sprint*, actualiza los puntos de esfuerzo que hay en la pila de producto, es decir, lo que se ha hecho y lo que queda por hacer. Acumula los puntos de esfuerzo que el equipo va realizando en cada *sprint*, y lo va representando en la gráfica.

Si al finalizar un *sprint* ha habido elementos de trabajo de la pila del *sprint* que han quedado a medio hacer o no se han hecho, entonces los desarrolladores estiman el esfuerzo que queda pendiente de hacer, para que quede reflejando en el elemento de trabajo que se enviará a la pila de producto, indicando lo que queda por hacer. El esfuerzo que sí se haya realizado, aunque no se haya completado el elemento de trabajo, se suma a la velocidad del equipo de ese *sprint*.

La velocidad de un equipo Scrum debe incrementarse según van pasando los *sprints*, ya que esto es señal de que está realizando las retrospectivas y está aplicando áreas de mejora continuamente en cada *sprint*. En definitiva, están queriendo ser cada vez más eficientes (técnicas de reuniones más eficientes, toma de decisiones más rápidas, test, estimaciones, automatización de pruebas y de procesos en la entrega, etc.).

Recordemos de nuevo que el *sprint* dura siempre lo mismo, por ejemplo, cada dos semanas, al final de cada *sprint* se hace la revisión del *sprint*, se inspecciona la entrega de valor con el cliente y el *product owner*, se hace la retrospectiva del equipo y se empieza otro *sprint*. Y, aun teniendo siempre la misma duración, las mismas horas de trabajo y las mismas personas en el equipo, lo que se espera es que cada vez entregue más valor al final de cada *sprint*. El *Scrum master* estará velando para que así sea, asegurándose de que hay una mejora continua.

Al inicio del proyecto, el *product owner* hace una toma de requisitos general, no al máximo detalle como en un proyecto tradicional, pero sí lo suficientemente profunda para que los desarrolladores puedan hacer una estimación de esfuerzo de la pila de producto, para poder entregar una estimación de tiempo y coste del proyecto, un presupuesto. Al ser una estimación hay que hacer una toma de requisitos adecuada. Veámoslo con un ejemplo: el equipo de desarrollo, junto con el *product owner* y el asesoramiento del *Scrum master*, puede necesitar que se profundice más en determinado requisito para poder estimarlo mejor. Cuando el *product owner* ha recogido los requisitos adecuadamente detallados para que los desarrolladores los estimen, se obtendrán los puntos de esfuerzo. En ese momento, al principio del proyecto, viendo las características del cliente, del producto, de la tecnología disponible, etc., *product owner*, *Scrum master* y desarrolladores definen la duración del *sprint*, es decir, estiman que el equipo será capaz de entregar una versión al menos una vez cada dos semanas, por ejemplo.

Como la duración del *sprint* no cambia, es una buena práctica que una vez definida la duración del *sprint*, se planifiquen ya todas las reuniones del proyecto (ya se sabe que el *sprint* son dos semanas, en nuestro ejemplo). Se pueden reservar salas, invitar asistentes, etc. Y esto dota de eficiencia al proyecto porque supone un ahorro de tiempo.

Definidos los puntos de esfuerzo y los *sprints* de dos semanas, siguiendo con nuestro ejemplo, el equipo decide entonces cuántos puntos de esfuerzo es capaz de «quemar» en dos semanas (este cálculo suele ser una aproximación —sobre todo en equipos que no han trabajado juntos anteriormente— que después se va ajustando).

Con esta información ya se puede comunicar al cliente cuántos *sprints* de dos semanas tardarán en ejecutar el proyecto y cuánto coste tendrá cada *sprint*. En un contrato Scrum, habitualmente, se da precio por *sprint* —el equipo Scrum lo forman las personas que van a estar trabajando durante todo el proyecto, con lo que se sabe los recursos que se van a necesitar—. Se hace, por tanto, un presupuesto indicando que el proyecto serán tantos *sprints*, de tanta duración cada uno y tanto coste por cada *sprint* y esto veremos más adelante que es verdaderamente importante.

Como hemos dicho, es habitual que, con una buena implantación de Scrum, al terminar el proyecto queden elementos de trabajo sin implementar. Esto representa que no se le han puesto límites al cliente de los cambios que puede pedir durante el proyecto. Lo que sí se le pide es que priorice junto con el *product owner*. Pueden quedar, por tanto, determinados detalles o funcionalidades sin hacer que enriquecen los distintos requisitos del producto, pero que no son imprescindibles, puesto que no han sido priorizados en el transcurso del proyecto. Estos podrán hacerse en un *sprint* extra o quedar pendientes para un futuro proyecto.

9.1.2 Scrum master

Siguiendo con la analogía con la música, el *Scrum master* sería el director de orquesta. Es quien sincroniza a los músicos (desarrolladores) para que toquen eficientemente la partitura que ha compuesto el *product owner*. Es el que saca lo mejor de cada músico y del conjunto de toda la orquesta y además es el responsable de que se haga a un ritmo adecuado y de que suene bien. Es decir, el *Scrum master* debe sacar el máximo provecho de las características y capacidades de las personas que forman el equipo y del equipo mismo.

¿Qué características personales debe tener un *Scrum master*? En primer lugar, tiene que ser un *coach Scrum*; tiene que ser la persona que mejor conoce cómo implementar Scrum, cómo realizar correctamente las reuniones y debe saber cómo actuar según transcurran los acontecimientos, pero no tomando decisiones, sino asesorando sobre cómo se deberían implantar los procesos dentro del equipo.

El *Scrum master* no es el jefe del equipo, como tampoco lo son el *product owner* ni los desarrolladores, sino que todos tienen la misma responsabilidad sobre el éxito del proyecto. Pero cada rol se encarga de una parte y se responsabiliza de ella. La responsabilidad del *Scrum master* está en que Agile y Scrum se implementen correctamente.

Tiene que ser también un facilitador y solucionador de conflictos y de impedimentos. Se suele decir que es un «líder servil» porque, realmente, es el responsable de eliminar los impedimentos que se va encontrando el equipo Scrum por el camino. Pero en la actualidad no se recomienda usar la palabra *líder* para describir al rol de *Scrum master* porque ha generado antipatrones en las implantaciones de Scrum. No es ni más ni menos líder que el *product owner* y cada uno de los desarrolladores del equipo. El *Scrum master* está al servicio del equipo y no el equipo al servicio del *Scrum master*: los desarrolladores y el *product owner* le van comunicando los impedimentos con los que se encuentran (problemas con los ordenadores, presiones para no aplicar las reglas Scrum, etc.) y que les impiden trabajar adecuadamente. El *Scrum master* es el encargado de mover los hilos para que se eliminen esos impedimentos que dificultan la productividad del equipo y la implantación de Scrum.

El Scrum master tiene también la responsabilidad de desarrollar las capacidades de los miembros del equipo, pero no tiene por qué ser un experto en ello ni tampoco en cómo hacer superar las cinco disfunciones de Lencioni. La persona experta es el llamado *Agile coach*, que es a quien acudirá el *Scrum master* cuando algún miembro del equipo no tiene capacidades muy acordes con los valores, pilares o principios Agile.

Debe ser muy observador. El *Scrum master* observa constantemente cómo está trabajando el equipo y cómo se comunica para poder encontrar deficiencias o áreas de mejora que aumenten su productividad. Y lo hace a través de talleres de formación y asesoramiento sobre formas de trabajar. Por esa razón, excepto en las retrospectivas, no suele intervenir en el resto de eventos Scrum, más que como oyente y observador, a menos que sea necesario para corregir una desviación de Scrum. En realidad el *Scrum master* no solo asiste a los eventos Scrum, sino que debe poder asistir, si así lo ve necesario, a cualquier reunión de los desarrolladores o del *product owner* con los interesados del proyecto, avisando previamente por educación y respeto, para poder observar la forma de trabajar de los miembros del equipo y confirmar que son coherentes con Agile y Scrum.

Hagamos ahora una recapitulación, vistos ya estos dos primeros roles Scrum, para darnos cuenta de que el Scrum master está mirando hacia dentro del equipo Scrum, mira a las personas y cómo trabajan, pero no mira al producto ni al cliente. De eso se encarga el *product owner*, que es quien está pendiente de que ese producto satisfaga al cliente.

9.1.3 Desarrolladores

Los desarrolladores serían los músicos de la orquesta en esta analogía con la música. Son los que interpretan la partitura (la pila de producto) diseñada por el *product owner* y están organizados por el *Scrum master,* que pone orden y coordina los procesos y la forma de trabajar del equipo. Los desarrolladores son los que dedican su tiempo a fabricar el producto.

Los desarrolladores forman una parte muy importante de Scrum. En muchas empresas se da formación de *product owner* y de *Scrum master,* pero no se forma en Scrum a los desarrolladores porque se piensa que estos siguen haciendo el mismo trabajo de antes con la única diferencia de que hay que dirigirles de forma distinta. Esto no solo es un error, sino que es una de las razones por las que algunas de las implantaciones de Scrum fracasan. Y ello porque no se tiene en cuenta que, realmente, los desarrolladores sí cambian su rol y ahora son también responsables del éxito del proyecto. Los desarrolladores tienen que saber que no basta con que programen las tareas que se les asignan en un *sprint*, sino que participan en las decisiones para conseguir los objetivos, entregando mayor valor con menos esfuerzo. De hecho, durante los *sprints*, nadie les vigila ni les controla porque solo ellos son los responsables de cumplir con el objetivo del *sprint*; tan responsables como un *product owner* o un *Scrum master*. Tanto es así que, cuando hay una disfunción, el equipo entero es capaz, puesto que ya tienen la confianza y la seguridad necesarias, de darse *feedback* unos a otros cuando no están cumpliendo con su función. Del mismo modo que un *product owner* puede llamar la atención de un desarrollador si percibe que este no cumple con lo que se espera de él, el desarrollador también puede, en una reunión de retrospectiva por ejemplo, hacer lo mismo con respecto al *product owner* si percibe, por ejemplo, que este no prioriza correctamente la pila de producto. Estas conversaciones bilaterales son esenciales porque todos tienen el mismo compromiso con el éxito del proyecto. Y todos, incluidos *Scrum master* y *product owner*, tienen que tener apertura y capacidad de autocrítica para entender esas valoraciones o puntos de vista.

Sin una buena implantación de Scrum, los desarrolladores se sentirán desmotivados. Las estadísticas dicen que las personas que trabajan en entornos Agile y Scrum son más felices profesionalmente que las personas que siguen trabajando en entornos tradicionales. Para una implantación correcta de Scrum se han de cumplir las tres condiciones necesarias para la automotivación de las personas:

— Experto: Ha de darles la posibilidad de ampliar y profundizar su conocimiento sobre sus áreas de interés.
— Autonomía: Ha de darles libertad de decisión y capacidad de autoorganización.
— Propósito: Se tienen que sentir cocreadores del producto que están fabricando, y si es para un propósito alineado con sus valores personales, mucho mejor.

Los desarrolladores deben autogestionarse, ya estuvimos hablando del principio Scrum de equipos autogestionados. Además, de los desarrolladores se espera que formen un equipo multifuncional, que quiere decir que entre todos tengan todo el conocimiento, habilidades y empoderamiento por parte de la organización necesarios para poder diseñar, construir, probar y entregar el producto asignado al equipo Scrum al que pertenecen.

Cuando hay un proyecto muy grande donde un único equipo Scrum no es capaz de realizarlo, veremos que un equipo Scrum no debe superar las diez personas, entonces se crean varios equipos Scrum que trabajan sincronizados en lo que se llama un escalado Scrum.

Pongamos un ejemplo del sector del *software*: el objetivo es la fabricación de un gran *software* para el que hará falta el trabajo de decenas de personas. Se crean entonces muchos equipos Scrum de cuatro, seis u ocho personas cada uno, por ejemplo, y será la gobernanza quien asignará en cada uno los roles de *product owner*, *Scrum master* y desarrolladores. También asignará la misión: la misión es el conjunto de funcionalidades del *software* de las que se encargará cada equipo Scrum. No sería Agile ni Scrum si a un equipo se le encarga el diseño, a otro la arquitectura, a otro la programación del *front* o del *back*, a otro la base de datos, a otro la seguridad, etc., porque entonces se volvería al entorno tradicional de departamentos o silos, por mucho que los llamamos equipos Scrum, no serán equipos Scrum, serán departamentos o silos técnicos. La misión, en Scrum, es asignar a cada equipo unas funcionalidades, por ejemplo: a uno las opciones de menú, un informe y el acta de cliente; a otro el listado de productos y la conexión con el sistema de logística... Es decir, la gobernanza que diseña los equipos divide el producto en funcionalidades y cada equipo Scrum es como si tuviera un miniproyecto completo, que es responsable de que cliente y usuarios estén satisfechos con ese subconjunto de funcionalidades.

Las personas que diseñan esos equipos Scrum tienen mucho en cuenta cómo dividen esas misiones. Pongamos el ejemplo del buscador de canciones Spotify, que tiene un escalado Scrum muy particular que ha tenido mucho éxito. Hay un equipo Scrum que se encarga de optimizar la base de datos, indexando todas las canciones de esta para que se busquen rápidamente. Hay otro equipo cuya misión es preparar la pantalla de filtros para buscar canciones. Y hay otro que se encarga de mostrar en pantalla el resultado del buscador, de forma *responsive*, con seguridad, con rapidez, con la información más adecuada para que a los usuarios les parezca útil y fácil de usar. En estos tres equipos Scrum lo que se tiene en cuenta es que el equipo que está indexando la base de datos tenga expertos en bases de datos; el que está haciendo la pantalla de búsqueda de filtros tenga expertos en *front*, que trabajan diseñando *interface* de usuario, y los que están mostrando el resultado de la búsqueda en pantalla tengan personas que sepan algo tanto de bases de datos como de *front*. De esta manera se optimiza el talento de cada desarrollador.

Los desarrolladores no tienen títulos. Deben ser profesionales con perfiles de tipo T, es decir, lo que se llama **Cross-Functional** (especialidad en un área de conocimiento y conocimientos básicos de otras áreas); no se buscan grandes especialistas, sino personas que tengan conocimientos de varias áreas, que puedan realizar tareas más o menos difíciles de varias áreas de conocimiento. Es decir, lo que se espera de los desarrolladores es que tengan interés en aprender. La organización debe crear el ambiente para que eso ocurra y además suministrarles los medios para que vayan aprendiendo de otras áreas de conocimiento. Aunque esto supone un gran reto y no se podrá conseguir en un corto espacio de tiempo, y aún más cuando los recursos son limitados, con el tiempo se crearán equipos Scrum mucho más eficientes.

Cuando al equipo Scrum se le ha asignado su misión, el conocimiento necesario debe estar dentro del equipo y no debe depender del exterior: si hace falta algo de conocimiento de bases de datos, debe estar dentro del equipo; si hace falta algo de seguridad, lo mismo. Incluso, si necesitara viajar para ver el producto *in situ,* se debe empoderar al equipo para hacerlo, dentro de ciertos límites, sin necesidad de que este viaje se apruebe desde un departamento financiero. Esto, como decimos, no es fácil y depende mucho del nivel de ayuda de la organización y, cuanto menos ayude, mayor será el tope en la eficiencia y en los resultados. Y en eso consiste el cambio: crear equipos autónomos y autosuficientes que tengan todo el conocimiento y todo el empoderamiento para poder cumplir su misión.

Hemos dicho anteriormente que no hay títulos porque, cuando ya tenemos un equipo Scrum maduro, con cierta historia y multifuncionalidad y se ha desarrollado ese compromiso de hacer todo el trabajo en equipo, no habrá ninguno que sea el testeador, ni el especialista en bases de datos, ni en seguridad. Este reparto de tareas sí tendrá que hacerse inevitablemente en los inicios porque un reto de implantar Scrum es llegar a crear esos equipos independientes y multifuncionales, con el tiempo y con la ayuda de la organización. De hecho, en los departamentos de recursos humanos de muchas compañías ya se habla de perfiles de tipo A, que quiere decir que tienen dos especialidades y conocen algo de otras cosas, o perfiles de tipo M, con tres especialidades y conocimientos de otras áreas. Si volvemos al ejemplo de escalado de Spotify, hay unos conceptos llamados *gremios* que se han implantado para que las personas que quieren aprender de otras áreas de conocimiento lo puedan hacer de compañeros que están en otros equipos y que tienen esa experiencia. Lo que se espera cuando Scrum va madurando es que se vaya transmitiendo conocimiento entre las personas involucradas y articulando medios en la organización para que este aprendizaje mutuo se facilite, es decir, que el experto en *front* vaya aprendiendo de bases de datos y el de bases de datos aprenda de *front*. Y todo ello para que, llegado el momento de reparto de tareas del *sprint*, el que es especialista en bases de datos pueda hacer también una tarea de pantallas y al revés, cuando sea necesario hacerlo.

¿Y cuánto tiempo se tardaría en crear un equipo Scrum autónomo y multifuncional? El tiempo depende ni más ni menos que de las personas y de la organización. No depende del proceso, ni de tener un buen consultor. Este es el punto débil, y fuerte a la vez, de Agile y Scrum: que se basan en las personas. Si las personas no participan y no ponen de su parte, poco se puede hacer por mucho que un *Agile coach*, con sesiones de *mentoring* y *coaching*, consiga una evolución. Las personas tienen que querer cambiar. Por ello es importante también el cambio en los procesos de selección de los departamentos de recursos humanos en los que las certificaciones, títulos y experiencia técnica queden en segundo lugar.

Burndown chart

Cuando el equipo Scrum empieza un *sprint*, desarrolladores y *product owner* deciden los elementos de trabajo que van a hacer en ese *sprint*. Lo hacen en el evento Scrum llamado «Planificación del Sprint».

Esos elementos de trabajo, cuando llegan a la planificación del *sprint*, ya tienen que haber estado estimados, porque durante las reuniones de refinamiento que el *product owner* y desarrolladores han mantenido en los *sprints* anteriores han conversado, confirmado que cumplen con la definición de ready (DoR), y los han estimado.

Cada elemento de trabajo tiene su estimación de esfuerzo o tamaño, que para generalizar llamaremos puntos de esfuerzo. Se pueden utilizar varias técnicas como por horas, por puntos de función y otras, pero la más recomendada es por puntos de historia. Para generalizar, hablaremos del tamaño o de puntos de esfuerzo de cada elemento de trabajo.

La media de los puntos de esfuerzo que los desarrolladores han implementado en los dos o tres últimos *sprints* es lo que denominamos la velocidad del equipo. En la reunión de planificación del *sprint*, escogerán elementos de trabajo cuya suma de puntos de esfuerzo coincida o se aproxime a la velocidad actual del equipo, eso también es el pilar transparencia de Scrum, y además respetar la velocidad del equipo es clave para mantener la calidad del trabajo que realizan los desarrolladores.

Según avanza el *sprint,* los desarrolladores van realizando actividades, con lo que cada vez quedarán menos puntos de esfuerzo pendientes de implementar, es lo que se denomina quemar puntos de esfuerzo, o puntos de historia, o puntos de función, dependiendo del método que utilicemos para estimar el tamaño de los elementos de trabajo.

Esto se representa en la gráfica <u>*burndown chart,*</u> que los desarrolladores mantienen diariamente, bien sea virtualmente o físicamente en una pizarra, en su despacho donde están coubicados, o en cualquier lugar donde todos los involucrados en el proyecto puedan consultarla: clientes, *sponsor, stakeholders* principales, *product owner, Scrum master*, etc. En esta gráfica se refleja cuántos puntos de esfuerzo quedan por implementar según van pasando los días del *sprint* actual. No necesariamente la deben actualizar en su reunión diaria, *daily Scrum*. El último dato de la gráfica *burndown* refleja los puntos de esfuerzo de la pila del *sprint* que están pendientes de finalizar.

Por ejemplo, si la velocidad es de 41 puntos de esfuerzo, el primer día de *sprint* estarán reflejados esos 41 puntos, que irán disminuyendo según avancen los días (en el segundo 38, en el tercero 33, etc.). Pero puede suceder que en el cuarto día queden por implementar 28 y en el quinto aumenten de nuevo a 33. Esto puede acontecer, entre otras razones, porque una tarea estimada con un esfuerzo X resulte ser más complicada de lo que parecía. En aras de la transparencia, el equipo la reestima ajustando a 33 los puntos de esfuerzo restantes. Cuando termine el *sprint*, probablemente hayan quedado varios puntos de esfuerzo por implementar. Lógicamente esto no es deseable, pero es la realidad y así se presentará en la revisión del *sprint* con el cliente y el *product owner*; y, en la reunión de retrospectiva, se analizará por qué no se ha cumplido con la velocidad del *sprint* o, si cumpliendo con la velocidad del *sprint*, por qué no se han terminado todos los elementos de trabajo de la pila del *sprint*.

Si esto pasara en todos los *sprints*, es decir, si pasa más habitualmente de lo esperado y está perjudicando al proyecto, el *Scrum master* se reunirá con el equipo completo para investigar qué ha sucedido. La mayoría de las veces esto ocurre porque los desarrolladores han hecho una estimación sin entender muy bien lo que debían hacer, porque, quizá, era la primera vez que lo hacían. En Scrum, en la cultura Agile, se ha de aplicar el enfoque empírico, es decir, no se trata de adivinar, sino de aplicar técnicas seguras como los *spikes*, las pruebas de concepto o los test; en definitiva, las experimentaciones. No se puede estimar el esfuerzo que va a suponer realizar algo que no se conoce. Por ello, con carácter previo a la ejecución del *sprint*, si existe una tarea desconocida por los desarrolladores, por la tecnología, herramientas o sistemas que se vayan a usar, estos le pedirán al *product owner* que añada a la pila de producto una prueba de concepto, un test o un *spike* en terminología Scrum. Ese elemento de trabajo, que es hacer un test, se añade por tanto al *sprint* siguiente, para que los desarrolladores averigüen la información que necesitan para poder estimar con consciencia el elemento de trabajo. Por eso es tan importante que en las reuniones de refinamiento el equipo converse sobre los elementos de trabajo más prioritarios en la pila de producto que posiblemente se vayan a realizar en los dos próximos *sprints*.

El equipo de desarrollo diseña este test aplicando el concepto utilizado en muchos ámbitos Agile de *mínimo producto viable*, que se traduce en satisfacer una necesidad con el menor esfuerzo posible. En este caso, se tratará de hacer una experimentación o comprobar una hipótesis con el menor trabajo posible para el equipo. El objetivo es que el equipo, con ese test básico, obtenga información suficiente para estimar más acertadamente cuánto le va a costar realizar esa tarea desconocida y poder implementar adecuadamente el elemento de trabajo en el futuro *sprint*. Lo deseable, lógicamente, es que al final del sprint, los puntos de esfuerzo que resten sean cero, pero si esto no sucede, el *sprint*, bajo ninguna circunstancia, se alarga. El *sprint* no hay que entenderlo como una de las fases de un proyecto tradicional en la que el equipo se compromete, una vez terminada, a entregar una funcionalidad al cliente. No implica el compromiso de: «Terminada esta fase, esto va a estar hecho». Lógicamente, al iniciarse el *sprint*, existe una intención de todo el equipo de cumplir con lo establecido, pero si suceden imprevistos que lo impidan, se analizará después el porqué.

El *sprint* hay que interpretarlo como un periodo de tiempo fijo que termina con una inspección en la que se analiza lo que se lleva hecho, sea más o menos de lo previsto, y se tratan de resolver impedimentos para intentar ser más eficientes. Por eso no tiene sentido alargarlo o acortarlo.

«El *sprint* es una unidad de tiempo que define cada cuánto tiempo vamos a inspeccionar el producto que llevamos hecho y la eficiencia del equipo para conseguir el éxito del proyecto».

Los puntos de esfuerzo que no ha dado tiempo a terminar se devolverán a la pila de producto, pero no obligatoriamente se van a realizar en el siguiente *sprint*. Y eso es así porque, en los días que han transcurrido de proyecto, es posible que el *product owner* haya recibido una serie de *feedbacks* o hayan tenido lugar situaciones que alteren la priorización de la pila de producto y que le lleven a priorizar otros elementos de trabajo más importantes antes que terminar esos elementos que quedaron sin hacer. Aunque al final del *sprint* se haga la inspección de la versión acumulada de todo el trabajo hecho y se revise con el cliente, ello no impide que, durante cada día del *sprint*, se estén generando versiones e incluso estas se enseñen a los interesados clave y al *product owner*. De hecho, esto es lo recomendable si se dispone de la tecnología y empoderamiento necesario, porque tanto el *product owner* como los interesados clave que están inspeccionado lo que se va construyendo pueden detectar desviaciones sobre lo esperado.

9.2 EL EQUIPO SCRUM

Un equipo Scrum está formado por:

— Un *product owner*.
— Un *Scrum master*.
— Uno o varios desarrolladores.

Tienen que ser un equipo autogestionado, multifuncional, no tienen un jefe interno, están centrados en el producto y en satisfacer a los interesados a través de ese producto.

Los estudios de productividad y de equipos de alto rendimiento nos han enseñado que a partir de 10 personas se reduce la posibilidad de que se desarrolle un equipo de alto rendimiento debido a la complejidad en las interacciones humanas.

Por eso un equipo Scrum no puede estar formado por más de diez personas; de hecho, debería ser lo más pequeño posible, pero lo suficiente para que entre todos tengan el conocimiento necesario para conseguir su misión. Sabemos que si un proyecto lo pueden hacer ocho personas, es más eficiente crear dos equipos Scrum de cuatro personas, que un solo equipo Scrum de ocho personas.

El *chief Scrum master* o el *chief product owner* son roles que aparecen en los escalados Scrum. Entre otras responsabilidades deben elegir, dentro de la batería de perfiles disponibles, a las personas más adecuadas, según sus características, teniendo en cuenta el producto que hay que desarrollar, y repartirlas en equipos Scrum. Se trata de un verdadero reto. No es nada trivial escoger las personas adecuadas y dividir el producto en fragmentos de funcionalidades adecuados y repartirlos entre los equipos Scrum. En organizaciones con una alta madurez en Agile, tanto por parte de los desarrolladores como de la organización, tras elegir las personas que trabajarán en el proyecto y tras el *chief product owner* explicar la declaración de visión del proyecto y los requisitos del proyecto, pueden ser los propios desarrolladores los que se dividen en distintos equipos Scrum, los que se autoasignan las misiones, y los que deciden quién será el *Scrum master* de cada uno de los equipos, pues es muy habitual que en organizaciónes muy maduras en Agile y Scrum, una de las personas que forman parte de los desarrolladores también haga el rol de *Scrum master*.

9.3 COMPATIBILIDADES

Dentro de un equipo Scrum, ¿alguien puede cumplir dos roles?

¿Un desarrollador podría ser también el product owner?

La respuesta es sí. Hay implementaciones de Scrum exitosas en el que uno de los desarrolladores hace también el rol de *product owner*. Porque, aunque en un equipo Scrum deben existir los tres roles, no hay obstáculo para que una persona pueda encargarse de dos de ellos. Un desarrollador puede programar y además dedicarse a tomar los requisitos, a tener reuniones con el cliente, priorizar, etc.; en definitiva, a ser el *product owner*.

¿Un desarrollador podría ser también el Scrum master?

Del mismo modo, existen implementaciones de éxito donde los desarrolladores son también *Scrum master* y, de hecho, esto se ve cada vez más a menudo. El *Scrum master* es la persona que ayuda al equipo a eliminar impedimentos y le enseña a implementar correctamente Scrum. Muchos desarrolladores están formados y certificados como *Scrum master* y, desde la gobernanza, se les asigna el rol de *Scrum master*, además de ser programadores, por ejemplo. Lo deseable es que el *product owner* sea el mismo durante todo el proyecto, pero si existen dos desarrolladores formados para ser *Scrum master*, en cada *sprint* lo podría ser uno de ellos, turnándose. Esto tiene un efecto catalizador muy positivo en el desarrollo de los valores Scrum y de hacer equipo.

¿El Scrum master podría ser también el product owner?

Lo que no funciona demasiado bien es que los roles de *Scrum master* y *product owner* coincidan en la misma persona. Los estudios de implantación de Scrum lo demuestran y es así porque las cualidades y las funciones de ambos roles son distintas e incluso incompatibles. El *product owner* está focalizado en el producto, la entrega de valor, el cliente, los requisitos, etc., de modo que está mirando hacia afuera, y el *Scrum master* mira hacia dentro, hacia las personas que conforman el equipo: cómo se comunican, cómo resuelven conflictos, cómo toman decisiones, etc.

Otra razón es que, si el equipo de desarrollo tiene un problema con el *product owner* porque no está priorizando bien, o porque cambia a menudo los requisitos durante el *sprint*, etc., se tendría que dirigir al *Scrum master*. Si ambos son la misma persona se crearía un conflicto importante.

No quiere decir que nunca funcione, pero antes de tomar esa decisión, debemos recordar que la mayoría de las veces no funciona bien.

Personas que forman parte de más de un equipo Scrum

Lo más deseable, en cualquier caso, es que el *product owner* lo sea solo de un equipo, y que el *Scrum master* lo sea solo de un equipo y que los desarrolladores sean solo desarrolladores de un equipo Scrum. Pero esto es difícil porque requiere muchos recursos y, sobre todo, si no se dispone de personas multifuncionales. Las personas, por tanto, suelen pertenecer a varios equipos, incluso de distintos proyectos, o realizar varios roles. Y para conseguir que todo funcione bien hay que definir un *timebox* de dedicación a cada equipo Scrum al que pertenezca esa persona o para cada rol del que se encargue. Por ejemplo, si hay un *product owner* asignado a tres equipos Scrum, del mismo o de diferentes proyectos, la gobernanza tendrá que estimar el *timebox*, el tiempo que este debe dedicar a cada equipo, según la cantidad de requisitos o la complejidad del proyecto. Definir el *timebox* es importante para que estos modelos de compartición funcionen: si el *product owner* debe dedicar un 50 % de su tiempo a un equipo, intentará hacer todo lo importante en ese tiempo, priorizando y siendo lo más eficiente posible en el tiempo disponible. Y serán los propios miembros de cada equipo Scrum, no solo el *Scrum master*, los que deben controlar si, realmente, el *product owner* está dedicando el tiempo asignado a cada equipo, ya que lo contrario sería una disfunción. Podría ser uno de los desarrolladores quien, al percibir esta disfunción, o bien se lo comunicara directamente al *product owner* o, si no llegaran a un acuerdo, pediría ayuda al *Scrum master*. Y recordemos que el *Scrum master* no toma decisiones, no es un director, sino que asesora y ayuda al equipo sobre las buenas prácticas de Scrum para que *product owner* y desarrolladores tomen las decisiones correctas.

E igualmente podría suceder que el propio *product owner* considere que el *timebox* asignado no sea suficiente por la complejidad de los requisitos del proyecto o por cualquier otra razón. En este caso, deberá dirigirse a la gobernanza, que es quien hizo el reparto, para solicitar el cambio de porcentaje de tiempo asignado.

De igual manera, si a una persona se le asigna dos roles en el mismo equipo Scrum, se deberá definir un *timebox* para dedicarse a las actividades propias de cada rol, de esta forma se podrán estimar esfuerzos con más precisión y focalizarse en cumplir cada rol dentro del tiempo que tiene disponible para hacerlo.

CAPÍTULO 10
EVENTOS SCRUM

En este capítulo vamos a profundizar en los eventos o reuniones que se definen en el marco de trabajo Scrum para cada una de las fases del sprint.

Los eventos Scrum, también llamados reuniones o ceremonias, son:

— *Sprint planning* o planificación del *sprint*.
— *Daily Scrum*.
— *Sprint review* o revisión del *sprint*.
— *Sprint* retrospective o retrospectiva del *sprint*.
— *Sprint*, que realmente es un contenedor de los anteriores.

10. 1 FASE DE INICIO DEL PROYECTO

La fase de inicio es donde se realiza lo necesario para presupuestar el proyecto, estimar el costo y tiempo. Es lo que ocurre antes de que empiece el *sprint* 1. Esta fase de inicio no es ningún *sprint*.

Desde el principio el *Scrum master* está observando cómo trabaja el equipo Scrum y, por tanto, podrá asistir a cualquier reunión. Habrá algunas para las que sea obligatoria su asistencia y otras, en cambio, en las que sea opcional y asistirá en la medida en que lo vea necesario. Recordemos que no es un jefe, no es el que dirige, sino el que enseña, el que asesora. Estará pendiente de que Scrum se implante con éxito y siga madurando de forma continua.

Cuando se comienza un proyecto se hace una estimación: el *product owner* hace una toma de requisitos, reuniéndose con los interesados y con los usuarios. Lo recomendable en Scrum es que, ya desde este momento, el *product owner* esté trabajando con los desarrolladores, e incluso ya debería estar asignado el *Scrum master*. Es necesario porque los desarrolladores deben revisar junto con el *product owner* toda esa toma de requisitos.

El *product owner* irá transformando esa toma de requisitos en una pila de producto —no la transforma en un plan de proyecto—, es decir, en elementos de trabajo que empezará a priorizar, teniendo en cuenta riesgos y entrega de valor. Irá dividiendo y refinando esos elementos en otros más pequeños y algunos de ellos ya empezará a escribirlos en formato de historia de usuario si así lo desea. Lo importante es que los requisitos, en Scrum, se dividen en fragmentos mucho más pequeños, en características que se llaman historias de usuario. La historia de usuario no es más que una forma de escribir una característica de un requisito más grande, al que, en algunos casos, según su tamaño, llamamos épica.

¿Hasta qué detalle debe el *product owner* documentar estos requisitos? Pues, realmente, hasta lo que digan los desarrolladores, pues ellos son los que realizan la estimación, y saben la información que necesitan para poder hacer la estimación. Esta toma de requisitos inicial, llamada elicitación de requisitos, con las estimaciones realizadas por los desarrolladores, junto con el análisis de riesgos del proyecto, y la definición de las personas que participarán en el proyecto son la base para crear el presupuesto del proyecto.

Por ejemplo, imaginemos que tenemos una pila de producto con un total de 200 puntos de esfuerzo, dividimos esto en *sprints* de, por ejemplo, dos semanas, evaluamos que somos capaces de quemar 50 puntos de esfuerzo cada dos semanas, lo que significa que el proyecto durará cuatro *sprints* de dos semanas. Se le da entonces al cliente un presupuesto de fecha, de duración del proyecto, con un coste por *sprint* y, por lo tanto, un coste total.

En esta fase de inicio es donde el equipo Scrum decide cuánto durará el *sprint*. La duración máxima de un *sprint* debería ser de un mes, y cuanto más corto sea, mejor controlado tendremos el proyecto. Sin embargo, es posible que, tecnológica u organizativamente, el equipo no esté preparado para poder hacer *sprints* cortos o, al menos, no entregar a los interesados clave una versión en cada *sprint*, en este caso tendremos un *Scrumbut* en el que deberemos trabajar para poder eliminarlo de nuestra implantación de Scrum. Algunas limitaciones que puede tener el equipo Scrum para poder entregar una versión en cada *sprint* son que la tecnología o el sector de negocio le obliguen a depender de un departamento de Control de Calidad (Q&A), que tengan que testar el producto que fabrican los desarrolladores. En el sector del *software*, para eliminar esta limitación y dependencia, la recomendación de Scrum, DevOps y Agile es utilizar la programación dirigida por test automatizados y el despliegue continuo automatizado. Estas técnicas de programación y otras, como escribir código basándose en las reglas de Clean Code, son las que deben aprender los desarrolladores de equipos Scrum de proyectos de *software*. El equipo irá mejorando, irá cambiando la forma de trabajar mientras adquiere todas esas experiencias técnicas ágiles, esas automatizaciones hasta que, en un tiempo, pueda hacer *sprints* cortos y entregar varias versiones del producto a los interesados clave durante el *sprint*.

Terminada la fase de inicio, es decir, la toma inicial de requisitos, definición del equipo, creación de la primera versión de la pila de producto priorizada y refinada adecuadamente y de la estimación del proyecto, se prepara el presupuesto, y una vez aprobado empezaríamos con el primer *sprint*.

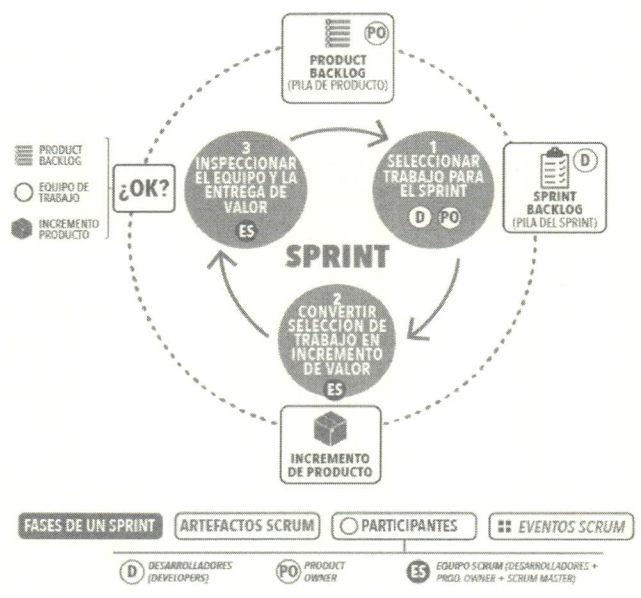

10.2 FASE DE SPRINT: «SELECCIONAR TRABAJO PARA EL SPRINT»

La pila de producto con la que empezamos el proyecto es el resultado de la priorización hecha por el *product owner* de la toma de requisitos, por riesgos, dependencias y por entrega de valor, teniendo en cuenta la estimación inicial que ha hecho el equipo de desarrollo. Según avance el proyecto, teniendo en cuenta la información y *feedback* continuo, los elementos de trabajo o historias de usuario de mayor importancia irán subiendo en la pila de producto, se irán priorizando. No se hace desde el principio una ordenación exhaustiva de todos los elementos, sino que el *product owner* lo hará por bloques. Y lo que se ha considerado que es más importante hacer en los primeros *sprints* sí estará muy detallado, incluyendo los criterios de aceptación, que son las características que debe cumplir cada historia de usuario. Mientras los desarrolladores están trabajando en el primer *sprint*, el *product owner* empezará a recoger más detalles y más requisitos de lo que sigue después en la pila de producto, de lo que es lo segundo más importante para hacer en el siguiente o dos siguientes *sprints*. Un *product owner* durante cada *sprint* no dedica su tiempo a refinar los elementos de trabajo incluidos en la pila del *sprint* actual, sino que está recogiendo evidencias, inspeccionando, refinando y priorizando la pila de producto para preparar lo que probablemente se hará en el siguiente o dos siguientes *sprints*.

En todo momento la pila de producto está adecuadamente refinada, que quiere decir que lo más importante está muy refinado y lo menos importante menos detallado.

Sprint planning o planificación del sprint

Al inicio de cada *sprint*, durante la fase de «seleccionar trabajo para el sprint», el equipo tiene la reunión de planificación del *sprint*, a la que, obligatoriamente, tienen que asistir el *product owner* y los desarrolladores y, opcionalmente, el *Scrum master*. Esta reunión tiene un *timebox* máximo de 2 horas por cada semana que dure el *sprint* del proyecto. Este *timebox* sirve para ayudar a que el equipo sea más eficiente y será además uno de los indicadores con los que el *Scrum master* medirá dicha eficiencia, intentando que vayan siendo reuniones más cortas y eficientes según avanza el proyecto.

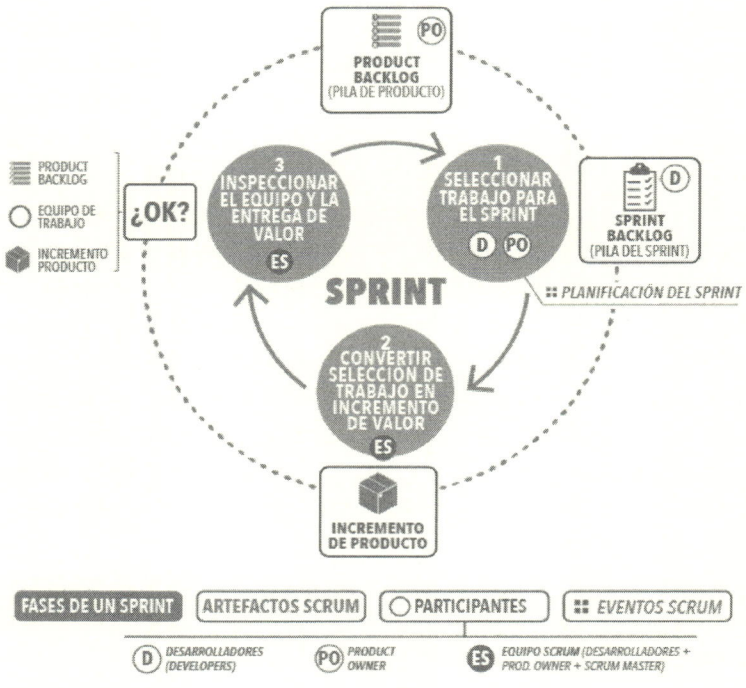

La reunión de planificación del *sprint* tiene tres partes bien diferenciadas.

Primera parte de la planificación del sprint

Antes de empezar a elegir los elementos de trabajo, el *product owner* define o propone lo que se llama el objetivo del *sprint*, <u>por qué es valioso ese sprint</u>, que representa el valor de negocio más importante que sería conveniente entregar a los interesados clave durante el *sprint*. No consiste en decir una lista de elementos de trabajo que deben realizarse, sino en una descripción del valor añadido que debería incluir la versión del producto tras finalizar el *sprint* que acaba de empezar. En el sector del *software*, el objetivo del *sprint* puede ser, por ejemplo, que el cliente ya pueda loguearse en la aplicación. El detalle con que se pueda lograr eso no es tan importante: el *login* puede tener muchas características (que haga falta contraseña, que se pueda resetear la contraseña, que cada vez que se resetea se recibe un *email* de confirmación, etc.) y cada una de estas sería una historia de usuario distinta y estaría priorizada de forma distinta. Hay que volver a insistir en la importancia y la gran diferencia que supone esto con el uso de enfoques tradicionales. En un enfoque tradicional, en la toma de requisitos, cuando se hace la planificación en ese diagrama de Gantt, el *login*, siguiendo con el ejemplo anterior, ya tendría todas las características de contraseña desde la primera implementación de este requisito. Se planifica y se realiza la implementación completa del requisito cuando el plan lo indique. En Scrum, el *login* se divide en pequeños segmentos, pequeñas funcionalidades o pequeñas utilidades que se llaman las historias de usuario o elementos de trabajo, y cada una se implementa en momentos distintos del proyecto. Incluso, como dijimos, si aparecen cosas más importantes para el proyecto porque el cliente lo decide, puede que alguna de esas historias de usuario nunca llegue a hacerse, y aun así el proyecto podrá ser exitoso.

Lo único que puede echar para atrás la propuesta del *product owner* es que los desarrolladores consideren que el objetivo es demasiado costoso para hacerlo en un *sprint*. En ese caso, se haría solo una parte. Durante un *sprint* el foco de todo el equipo Scrum es entregar a los interesados clave el valor de negocio representado por el objetivo del *sprint*, y lo segundo más importante a lo que se enfocan es a poder realizar todos los elementos de trabajo que han seleccionado en la pila del *sprint*. Cuando el equipo ya tiene claro el objetivo del *sprint*, pasarían a la segunda parte de la reunión.

Segunda parte de la planificación del sprint

En esta parte es donde se <u>seleccionarán los elementos de traba-jo</u> de la pila de producto que formarán parte de la pila del sprint, es decir, de lo que el equipo se compromete a implementar durante el *sprint*. Y aquí hay que resaltar un detalle importante: no todos los elementos de trabajo que el equipo elige para la pila del *sprint* tienen o están orientados a cumplir el objetivo del *sprint*. Siguiendo con el ejemplo de que el *product owner* ha propuesto que el usuario pueda loguearse en la aplicación, el equipo elegi-rá historias de usuario que tengan que ver con ese objetivo; por ejemplo, que se pueda escribir usuario, o usuario y contraseña, o que la contraseña se pueda recuperar, o restablecer, o recibir un mensaje de que se ha restablecido, etc. En definitiva, escoge algu-nos de los elementos de trabajo que tienen que ver para cumplir el objetivo de negocio de ese *sprint* y otros elementos relacionados menos importantes se reservan para próximos *sprints*.

Los elementos de trabajo que no están directamente relaciona-dos con cumplir el objetivo del *sprint* serán elementos de trabajo que entre el *product owner* y los desarrolladores han decidido que son importantes realizar en este *sprint* que empieza. Normalmen-te son los que el *product owner* tiene más priorizados en la pila de producto, pero no tiene que ser así exactamente, porque los de-sarrolladores pueden aportar razones técnicas, de fabricación del producto, que hagan ver al *product owner* que hay elementos algo menos prioritarios que se deben realizar en este *sprint*.

En la pila del *sprint* existirán elementos de trabajo de diferen-tes tipos:

— Historias de usuario orientadas a cumplir el objetivo del *sprint*.

— Historias de usuario que son características o funcionalida-des que hay que implementar aunque no estén relacionadas con el objetivo del *sprint*.

— Elementos de trabajo de tipo *spike*.

— Elementos de trabajo de corrección de errores.

— Elementos de trabajo de automatizaciones para aumentar la eficiencia del equipo.

— Elementos de trabajo de áreas de mejora que se hayan decidido en retrospectivas de los *sprints* anteriores.

— Elementos de trabajo dedicados a la formación o talleres de formación de equipo.

Los elementos de la pila del *sprint* deben estar priorizados, esta priorización la realizan entre el *product owner* y los desarrolladores, observados por el *Scrum master* para asegurar que se hace según los criterios Scrum.

La cantidad de elementos de trabajo que elegirán dependerá de la velocidad actual del equipo. Recordamos que todos los elementos de trabajo de la pila de producto deben estar estimados, característica intrínseca a estos elementos. Elegirán elementos de trabajo hasta que la suma de su tamaño se aproxime a la velocidad del equipo. Es una muy mala práctica intentar incorporar a la pila del *sprint* más esfuerzo que el indicado en la velocidad del equipo en ese momento, a veces se hace para presionar al equipo y que sea más eficiente; sin embargo, las evidencias nos han enseñado que se consigue el efecto contrario, y se disminuye las posibilidades de desarrollar los valores Scrum, así como que se verá en peligro la calidad del trabajo que realizan los desarrolladores y, por lo tanto, si lo hacemos estaremos poniendo en peligro el éxito del proyecto. El *Scrum master* debe vigilar que esto no se haga.

La forma de aumentar la velocidad de un equipo Scrum es cuando los desarrolladores, en su inspección diaria del *sprint*, son conscientes de que van a terminar todos los elementos de trabajo de la pila del *sprint* antes de terminar el *sprint*. En ese momento convocan al *product owner* para decidir qué elementos adicionales se incorporarán a la pila del *sprint* para cubrir el tiempo que queda. En ese instante la velocidad del equipo ha subido. Sin olvidar que la velocidad se suele calcular haciendo la media del esfuerzo realmente quemado en los dos o tres últimos *sprints*.

Una vez elegidos, el *product owner* ya puede abandonar la reunión de planificación del *sprint*, pero debe quedar disponible por si los desarrolladores le necesitan durante la tercera parte de la planificación del *sprint*.

Tercera parte de la planificación del sprint

En esta tercera parte todos los desarrolladores conversan para dividir en tareas técnicas o actividades cada uno de los elementos de trabajo de la pila del *sprint*. Han de ser tareas lo más pequeñas posible. Antiguamente, estas tareas técnicas se estimaban, pero ahora ya no se considera una buena práctica. Hay que dividir los elementos de trabajo en tareas técnicas tan pequeñas que las pueda hacer una persona en menos de un día.

Esta forma de definir las actividades que deben realizar los desarrolladores produce un beneficio importante para la calidad y la reducción de defectos y errores, porque son todos los desarrolladores los que con su inteligencia colectiva, a través de conversaciones constructivas deciden las actividades concretas que hay que realizar para implementar de forma correcta, completa y libre de errores cada uno de los elementos de trabajo de la pila del *sprint*. De esta forma, es más fácil que lo que uno de los miembros de los desarrolladores no sé de cuenta, lo haga otro, para construir al final un producto de mejor calidad. Hay que destacar que es este momento, la planificación del *sprint*, la primera vez que aparecen tareas técnicas; antes, la pila de producto contiene historias de usuario pero no tareas técnicas. Los elementos de trabajo o historias de usuario deben estar escritas con lenguaje de negocio, no con lenguaje técnico.

Cuando terminan de definir las tareas o actividades, los desarrolladores se reparten las actividades con las que empezará a trabajar cada uno de los miembros. Quizás puedan decidir algo más sobre quién hará algunas tareas, pero no entrarán en demasiado detalle. No tienen que hacer una planificación detallada de lo que harán durante el *sprint*. El principio de *time-boxing* y priorización por valor nos dice que el equipo tiene que empezar de lo más a lo menos importante porque realmente no está seguro de si le va a dar tiempo a hacerlo todo, y no está seguro de los imprevistos que surgirán durante el *sprint*; por lo tanto, si ocurre algo que les impide realizar lo esperado, por lo menos, se asegurarán de hacer lo que es más importante. Por lo que los desarrolladores empezarán a repartirse las actividades que estén relacionadas con el elemento de trabajo más importante, más priorizado, de la pila del *sprint*. Cuando entre todos hayan terminado, entonces empezarán con las tareas del segundo más prioritario, y así continuamente.

Este trabajo colaborativo será más eficiente cuanto más multifuncionales sean los miembros de los desarrolladores. De forma que cuando un desarrollador termina la tarea que se ha asignado, elige o consensua con sus compañeros la siguiente en la que trabajar, y esto lo refleja en el Scrumboard. No hace falta esperar a la *daily*, reunión diaria de los desarrolladores, para repartirse nuevas tareas. La selección de nuevas tareas y actualización del Scrumboard es continua durante el *sprint*.

Normalmente cada desarrollador va escogiendo la tarea más acorde a su especialidad, pero como existe ese valor de compromiso por el equipo, ese interés por aprender cosas nuevas, alguno puede intentar una tarea fuera de su área de conocimiento, de la que tenga conocimientos básicos y así ir teniendo mayor seguridad en ella. Los desarrolladores decidirán si es buen momento o no para que alguno de sus miembros se ponga con tareas en las que tenga menos experiencia.

Y el resultado de estas tres partes es la **pila del *sprint*:**

— El objetivo del *sprint*.
— La lista de elementos de trabajo de la pila de producto que el equipo ha elegido para realizar en este *sprint*.
— La división en tareas técnicas de esos elementos de trabajo.

El objetivo del *sprint* no se puede modificar durante el *sprint*, si por alguna razón el *product owner* descubre que ese objetivo ya no es necesario para el proyecto, entonces el *product owner* puede cancelar el *sprint* y definir una nueva pila del *sprint* junto con los desarrolladores, con un nuevo objetivo de proyecto. Lo más conveniente en estos casos, lo más eficiente, es que se decida una pila del *sprint* para el tiempo que queda de *sprint* desde el momento de la cancelación del *sprint*. Actualmente se considera un desperdicio de esfuerzo y de sobreprocesamiento el empezar un nuevo *sprint* completo, cuando se cancela un *sprint*.

Cuando es necesario cancelar un *sprint*, el equipo debe analizar las causas en la retrospectiva, pues es un momento disruptivo para el proyecto y las causas pueden ser varios antipatrones de Scrum, malas prácticas que deben descubrir y solucionar.

Los elementos de trabajo seleccionados para un *sprint* no se deberían modificar, pues al hacerlo los desarrolladores pierden el foco. Solo hay una razón para hacerlo, y es evitar que los desarrolladores caigan en un desperdicio. Es decir, si el *product owner*, durante un *sprint*, averigua que uno de los elementos de trabajo no está correctamente definido y que, si los desarrolladores lo hicieran, luego habría que cambiar o deshacer el trabajo hecho. El *product owner* tiene como misión «maximizar la cantidad de trabajo realizado por el equipo», así que nunca debe permitir, con conocimiento al menos, caer en un desperdicio. Igualmente que con la cancelación del *sprint*, si el cambio en los elementos fuera necesario, se analizarán las causas durante la retrospectiva, puesto que puede ser un síntoma de una mala práctica Scrum por parte de los desarrolladores o del *product owner*.

Respecto a las actividades o tareas técnicas es algo que está vivo durante el *sprint*, los desarrolladores pueden estar encontrando nuevas actividades o tareas necesarias de las que no se dieron cuenta durante la planificación del *sprint*, aunque al hacerlo entre todos los miembros, se minimiza esta posibilidad.

Y, por último, para terminar el tema de la planificación del *sprint*, hay que añadir que en una correcta implementación de Scrum, al llegar a la planificación del *sprint*, el objetivo y los elementos de trabajo de la pila del *sprint* ya han sido prácticamente definidos durante las reuniones de refinamiento que los desarrolladores y el *product owner* han realizado en los *sprints* anteriores, quizás haya alguna modificación como resultado del *feedback* obtenido en la última reunión de revisión del *sprint* o de retrospectiva del *sprint*. Incluso las tareas o actividades ya estarán básicamente definidas durante las sesiones de estimación de esfuerzo por parte de los desarrolladores, aunque en la planificación del *sprint* terminen de definirlas y descubrirlas de forma completa y detallada.

10.3 FASE DE SPRINT: «CONVERTIR SELECCIÓN DE TRABAJO EN INCREMENTO DE VALOR»

Al terminar la planificación del *sprint*, los desarrolladores empiezan a trabajar en las actividades que han definido. La fase de «convertir selección de trabajo en incremento de valor» dura casi todo el *sprint*, recoge todo el trabajo que realizan los desarrolladores, apoyados por el *Scrum master* y *product owner* para cumplir con el objetivo del *sprint*, y para hacer incrementos de valor al producto, y en el mejor de los casos irlos entregando a los interesados clave y *product owner* según vayan terminando elementos de trabajo, para su inspección.

Los desarrolladores son los responsables de comprobar que los elementos de trabajo cumplen la definición de terminado (DoD), y cuando lo han verificado añaden los elementos de trabajo al incremento de valor y se lo envían al *product owner* e interesados clave, para que vayan inspeccionándolo. Hay que tener muy claro que la entrega de valor a los interesados clave se hace durante todo el proyecto, incluso cada día si fuera posible. Los interesados clave son los interesados que forman parte del equipo de proyecto, que se reúnen cotidianamente con el equipo Scrum, sobre todo con el *product owner*, para refinar, inspeccionar y priorizar los elementos de trabajo de la pila de producto.

Si el *product owner* escribe las historias de usuario y los criterios de aceptación de esas historias correctamente, y tenemos una clara definición de hecho, los propios desarrolladores pueden decidir si algo está hecho o no. Entonces los desarrolladores lo revisan y lo añaden a un incremento de producto, ya sea en cualquier momento durante el *sprint* o al menos una única vez al final del *sprint*. La calidad es algo inamovible, y el aseguramiento de la calidad viene determinado por los criterios de terminado; por lo tanto, nada que no haya cumplido al 100 % la definición de hecho se añade a un incremento. Y esto es muy importante para la transparencia: el incremento es lo que es y no pueden ni deben añadirse funcionalidades que no ha dado tiempo a terminar de verdad. Ese incremento de producto que se va produciendo se irá liberando al *product owner* e interesados clave para su inspección, pero no tiene que ser liberado a todos los interesados del proyecto, pues esta liberación fuera del equipo del proyecto se producirá siguiendo el plan de liberación definido al inicio del proyecto. Cuando los desarrolladores comprueban que un elemento de trabajo cumple la definición de terminado, decimos que es potencialmente liberable, porque ya estaría listo para entregarse para su uso a los interesados del proyecto.

Dependiendo de la tecnología y el nivel de automatismo que podamos usar para liberar la versión del producto fabricado, tendremos que dedicar más o menos tiempo durante el *sprint* donde se decida hacer esta liberación de entrega de valor. En cualquier caso, este esfuerzo que se podría realizar varias veces durante el proyecto, teniendo en cuenta el plan de liberación definido en el inicio del proyecto, se habrá tenido en cuenta en la estimación de plazos y costes.

Ejemplo en el sector del software

La posibilidad de implantar esta recomendación de entrega continua dependerá del sector y de la tecnología que esté al alcance del equipo Scrum; por ejemplo, en un proyecto de desarrollo de *software* existen tecnología y formas de trabajar que permiten hacer entregas continuas de forma automatizada durante todo el proyecto.

Con la tecnología apropiada, lo ideal será hacer lo que se llama despliegue, o entrega o implementación continua, de tal modo que cada incremento del producto esté disponible para que pueda verlo el *product owner* y, aún mejor, también los interesados clave para que eventuales errores o malentendidos puedan corregirse a tiempo. Para poder conseguirlo se debe programar dirigido por test automatizados, donde los desarrolladores primero programan los test automatizados que deberá cumplir el código que van a escribir, basándose en los criterios de aceptación y la definición del elemento de trabajo. Estos test automatizados se están ejecutando contra el *software* que se va realizando, continuamente, de forma que los desarrolladores son capaces de darse cuenta de si algo que hayan modificado ha estropeado alguna funcionalidad desarrollada tiempo atrás, y corregirla antes de desplegar la versión.

Además de los test automatizados, tanto unitarios como de comportamiento y de *interface* de usuario, los procesos de integración, despliegue y aprovisionamiento deberían estar automatizados con sus comprobaciones automáticas incluidas. De esta forma se pueden desplegar versiones en cuestión de minutos con total seguridad, aumentando la frecuencia de entrega de valor y de posibilidad de inspección por parte de los interesados clave y el *product owner*, mejorando las posibilidades de éxito del proyecto, gracias a la mejora en la gestión de riesgos e imprevistos que va asociada a la inspección frecuente.

Sobre todo, cuando hay varios equipos Scrum trabajando en el mismo proyecto de *software*, la integración automatizada de lo que van construyendo cada uno de los equipos es esencial para la agilidad del proyecto.

Existen formas de programar y verificar la calidad del código que nos aseguran estar creando un *software* de calidad, como es, por ejemplo, la técnica del Code Review. En la que todo código escrito por un desarrollador es revisado por otro miembro de los desarrolladores antes de darlo por terminado. Esta revisión no se realiza probando el *software*, sino leyendo el código fuente, pues las evidencias han demostrado que de esta forma se encuentran diez veces más errores que una persona probando esa misma parte de código, además de que se mejora el cumplimiento de los estándares de calidad acordados por el equipo.

Además del Code Review están las herramientas de revisión estática del código, que son herramientas que «parsean» (recorren) el código fuente verificando que se cumplen unas reglas de código limpio y otros estándares de programación que los desarrolladores han decidido cumplir.

Es tan importante la excelencia técnica para la velocidad que tiene el equipo en cada *sprint* que, si dicha excelencia técnica todavía no se tiene, entonces se debería dedicar un porcentaje de los puntos de esfuerzo de cada *sprint* a automatizaciones, a mejora continua, a aprender a manejar nuevas técnicas de programación o de despliegue continuo. Y el resto de los puntos de esfuerzo a crear el producto del proyecto. Esto es altamente recomendable: que un porcentaje del esfuerzo del equipo se esté dedicando a trabajar en la mejora continua, en el despliegue continuo, aunque ello suponga que, al principio, se reduzca la capacidad de entrega de funcionalidades. Pero tener instalada esa excelencia técnica proporcionará no solo una mayor rapidez en el trabajo, sino además una más alta calidad, con lo que el proyecto irá avanzando sobre suelo firme y seguro.

Cada día de proyecto, los desarrolladores tienen una reunión diaria llamada la *daily Scrum* y, durante el *sprint* tienen varias reuniones de refinamiento del *backlog*.

Daily Scrum

La *daily Scrum* es un momento de inspección y adaptación a la que deben asistir solo los desarrolladores, y el *Scrum master* para observar, si lo considera necesario. Es una reunión para los desarrolladores y solo deben asistir ellos, hecha la salvedad de que también pueda asistir el *Scrum master* para comprobar que se ejecuta correctamente, según los principios y valores de Scrum y Agile. Realmente, el *Scrum master* puede asistir a todas las reuniones, sean o no sean ceremonias oficiales de Scrum, y aún con mayor razón si se trata de un equipo que está empezando a usar Scrum. No será necesario en organizaciones que ya son veteranas en el trabajo con Scrum en las que incluso algunos desarrolladores son, a su vez, *Scrum master* como dijimos en capítulos anteriores.

Se desaconseja que asista el *product owner*, pues se considera un desperdicio de su tiempo, pues es una reunión para y por los desarrolladores para que se inspeccionen sobre su avance hacia el objetivo del *sprint*. No es una reunión de seguimiento en la que los desarrolladores cuentan al *product owner* cómo van en el *sprint*. El *product owner* seguirá a lo suyo, y los desarrolladores a lo suyo.

Esta reunión tiene un *timebox* máximo de 15 minutos. Los desarrolladores la tienen todos los días del proyecto, incluso los días que haya *review*, planificación o retrospectiva. A veces dura 3 minutos, otros 15 minutos, según el momento del *sprint* y la situación del proyecto.

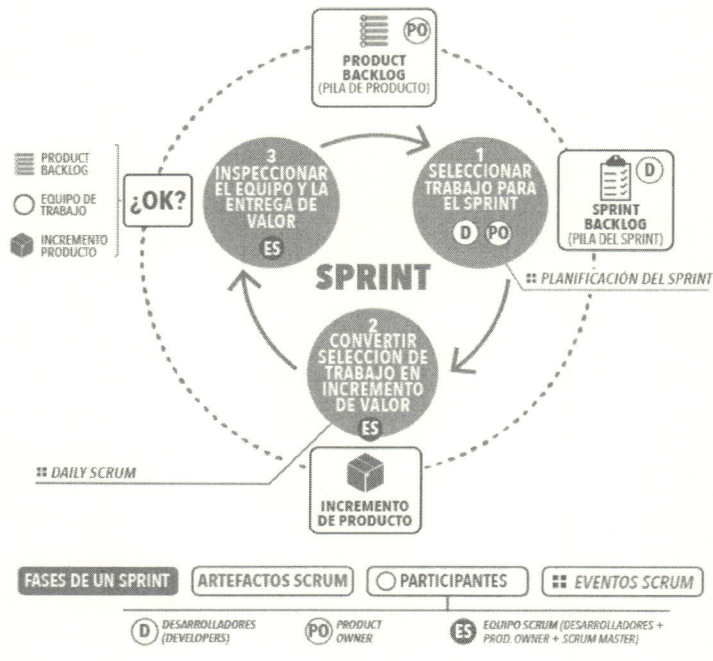

Es recomendable que tanto esta reunión como todos los demás eventos Scrum (planificación del *sprint*, *review* del *sprint* y retrospectiva del *sprint*) estén agendados y definido el lugar desde el inicio del proyecto para todo lo que dure el proyecto. Al ser el *sprint* de duración fija, se sabrá desde el inicio cuándo será cada reunión, y los asistentes a cada evento suelen ser los mismos, excepto en las *reviews*, que el *product owner* invitará a los interesados que corresponda durante el *sprint*.

Por eficiencia, la *daily* se celebra cada día a la misma hora y en el mismo lugar. Pese a esta recomendación, el mejor momento para que los desarrolladores tengan la *daily* es cuando ellos lo decidan. Incluso, si lo desean podrían cambiar el lugar y hora, es su reunión, así que ellos deciden, solo deben comunicárselo al *Scrum master* y *product owner*, por educación y transparencia, y sobre todo por si el *Scrum master* decide asistir a alguna de ellas.

Un método para realizarla es que cada miembro de los desarrolladores conteste a tres preguntas:

— Qué he hecho hasta ahora para ayudar al equipo.

— Qué voy a hacer mañana para ayudar al equipo.

— Qué impedimentos me estoy encontrando.

Pero limitar la *daily* a estas tres preguntas ha dado lugar a malentendidos. Lo que se recomienda actualmente es que, básicamente, los desarrolladores hablen lo que sea necesario para que esta reunión sea ese punto de inspección sobre cómo va el equipo para cumplir el objetivo del *sprint*. Y, principalmente, para hablar de los impedimentos que se están encontrando. Lo de «lo que he hecho» y «lo que voy a hacer» se han eliminado y, seguidamente, veremos por qué.

La pila del *sprint* estará representada como a los desarrolladores mejor les convenga, normalmente en forma de un Scrumboard, y puede ser virtual o física: en una pizarra, en un documento, en una hoja de cálculo, etc. Imaginemos a un desarrollador el primer día del *sprint* que, tras la planificación y el reparto de tareas, está trabajando en la tarea que se le ha asignado en dicho reparto. Como decimos, esas tareas técnicas tienen que ser lo más pequeñas posible (lo que pueda hacer una persona en menos de un día), con lo que es factible que este desarrollador termine su tarea antes de que llegue la *daily*. Lógicamente, no esperará a la *daily* para que se vuelvan a reasignar las tareas porque sería un desperdicio de tipo espera, sino que acude a la pila del *sprint*, preferiblemente representada con un Scrumboard, donde están todas las tareas priorizadas, y coge la siguiente más importante. Podría suceder que esta tarea también la terminara; volvería de nuevo a la pila del *sprint*, la marcaría como «terminada» y escogería otra de entre las priorizadas, marcándola a su vez como que está siendo ejecutada por él o ella. De forma autónoma elige las tareas, del mismo modo que podría suceder con cualquier otro miembro del equipo que terminara con la suya. Cualquier persona que mire a la representación gráfica de la pila del *sprint*, tiene que ver claramente qué tareas están pendientes, en qué estado se encuentran, qué tareas están terminadas y en qué tarea está trabajando cada miembro del equipo de desarrollo. Esto es lo principal que debe tener la representación de la pila del *sprint*.

Podría suceder que alguna tarea dependa de otra para su comienzo, pero, normalmente, cuando se deciden las tareas en la planificación del *sprint*, se tiene en cuenta la dependencia de unas con respecto a otras y esa dependencia se refleja en la pila del *sprint*. También podría suceder que, para la siguiente tarea por realizar, el desarrollador que ha quedado libre no tenga la experiencia necesaria y tenga que elegir una tarea de un elemento de trabajo menos prioritario, en este caso no estaría trabajando en lo más importante, no estaría aportando al equipo lo que se desea que haga cada miembro del equipo. El equipo, y esto es un principio de colaboración de Scrum, está trabajando en tareas que tienen que ver todas con la misma historia de usuario. De cualquier modo, cada desarrollador asume su responsabilidad a la hora de elegir tarea, de acuerdo con sus conocimientos y experiencia. Si se tratara de un desarrollador novel, podría tener asignado a otro de más experiencia que pueda asignarle la tarea más adecuada a su condición.

La *daily Scrum* suele hacerse delante de la representación gráfica de la pila del *sprint* y del *burndown chart,* por lo que se ve qué está terminado, en lo que está trabajando cada uno y lo que queda pendiente. Esa es la razón por la que decíamos antes que no es necesario que cada desarrollador diga lo que ha hecho o lo que está haciendo o va a hacer, de esa forma la reunión es más eficiente porque se centra en abordar los riesgos e impedimentos que pudieran haber surgido. Ni siquiera se habla de acciones para mitigar estos riesgos o impedimentos, puesto que esto se hará posteriormente, tras la *daily Scrum*. Solo se trata de una puesta en común para que haya transparencia de información y todo el equipo sepa cómo va el *sprint*. La toma de decisiones se hará en reuniones posteriores. Y recordemos que la *daily Scrum* tampoco es una reunión en la que los desarrolladores reportan su trabajo al *product owner*. En la *daily* sí pueden cambiarse prioridades, o añadirse tareas a la pila del *sprint* para hacer alguna mitigación de riesgo, modificarse alguna de ellas, etc. Por eso el resultado de la *daily* es un *sprint backlog* adaptado y los desarrolladores lo adaptan según van considerando como resultado de su inspección y adaptación cotidiana. Lo que no pueden hacer los desarrolladores es añadir o quitar elementos de trabajo porque estos se seleccionaron con el *product owner* y para hacerlo tendrían que contar con él.

Refinamiento del backlog

Dentro de la fase de «Convertir selección de trabajo en incremento de valor» también tienen lugar las reuniones de refinamiento del *backlog*.

El refinamiento del *backlog* se realiza en varias reuniones durante el *sprint*. No existe un *timebox* oficial; sin embargo, el principio de *timeboxing* nos enseña que sería mucho más eficiente asignarle un *timebox*, tanto a cada reunión de refinamiento como al máximo de tiempo dedicado a reuniones de refinamiento durante el *sprint*.

Pueden estar ya planificadas o realizarse a demanda, cuando sea necesario. En estas reuniones es donde el *product owner* y los desarrolladores conversan sobre los elementos de trabajo de la pila de producto que probablemente se realizarán en el próximo o dos próximos *sprints*. Pero no conversan sobre los elementos de trabajo incluidos en la pila del *sprint* actual.

Los desarrolladores analizan, estiman y resuelven dudas de elementos de trabajo que no están incluidos en el *sprint* actual. Gracias a estas reuniones, al *product owner* le da tiempo, durante el *sprint* actual, a resolver dudas que puedan surgir de cómo implementar cada elemento de trabajo, a dividir las historias de usuario más grandes en más pequeñas, a ir añadiendo criterios de aceptación junto con el *feedback* de los desarrolladores y de los interesados clave, y a ir aclarando todos los elementos de trabajo que posiblemente se van a elegir en el próximo o dos próximos *sprints*.

En las reuniones de refinamiento el *product owner* y desarrolladores estudian, analizan y estiman, una vez que ya están *ready* (DoR) los elementos de trabajo del próximo o próximos *sprints*. De esa forma, cuando llegue la planificación del *sprint* siguiente, el equipo no tiene ninguna duda sobre los elementos de trabajo, ya están estimados y los criterios de aceptación ya están claros. En una buena implantación de Scrum donde hay buenas reuniones de refinamiento, la mayor parte de la planificación del *sprint* se dedica a dividir los elementos de trabajo en tareas técnicas por parte de los desarrolladores.

El *product owner* tiene como responsabilidad el refinamiento del *backlog*, pero no hay que confundirlo con estas reuniones de refinamiento, estas reuniones se refieren al tiempo que dedican los desarrolladores a entender, analizar y a estimar todas las historias de usuario que están por venir en el futuro próximo. Por esa razón, algunas reuniones de refinamiento las realizarán los desarrolladores con el *product owner*, y otras, podrán estar ellos solos, por ejemplo, en las sesiones de estimación de esfuerzo.

El *product owner*, en su día a día durante un proyecto Scrum, está refinando el *backlog* continuamente: detallando, añadiendo criterios de aceptación cada vez más claros, más concisos, más completos, averiguando realmente lo que necesita el cliente, buscando alternativas para ofrecerle soluciones más eficientes, controlando las expectativas de los interesados y asegurando que lo que los desarrolladores fabricarán en el próximo *sprint* es lo que realmente necesita el cliente, aunque sea distinto a lo solicitado al inicio del proyecto.

De las reuniones de refinamiento se obtendrá una pila de producto más definida, con historias de usuario más pequeñas y detalladas, con las estimaciones de esfuerzo más acertadas e incluso con cambio de prioridades por el *feedback* recibido por los desarrolladores.

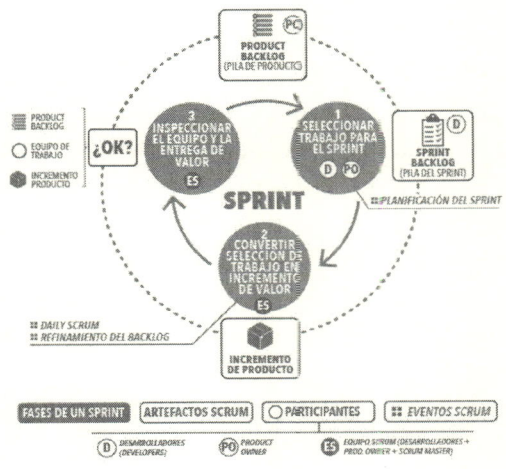

Las buenas prácticas recomiendan que en las sesiones de refinamiento se converse sobre lo que probablemente se haga en los dos próximos *sprints*, porque así le da tiempo a los desarrolladores a solicitar un spike al *product owner* cuando lo vean necesario. Para que el proyecto no se vea negativamente afectado, debe dar tiempo a poder seleccionar el *spike* en el próximo *sprint*, y con la información obtenida poder estimar correctamente el elemento de trabajo que dio origen a la necesidad del *spike*, de forma que en el siguiente *sprint* se podrá elegir ese elemento de trabajo con una estimación de esfuerzo más realista. Esto evita que durante un *sprint* los desarrolladores tarden mucho más de lo previsto en la ejecución de un elemento de trabajo.

Como hemos dicho, en las reuniones de refinamiento es donde los desarrolladores estiman el esfuerzo de los elementos de trabajo, es en estas reuniones donde si el tamaño es mayor que el máximo tamaño que el equipo definió para las historias de usuario, se le comunica al *product owner* para que divida esa historia de usuario en varias más pequeñas, en ocasiones con el asesoramiento de los desarrolladores.

PLANNING POKER: ESTIMACIÓN DEL ESFUERZO

Tras las conversaciones que tienen el *product owner* y los desarrolladores durante las reuniones de refinamiento, se consigue que la historia de usuario cumpla la Definición de Ready (DoR), esto significa que los desarrolladores tienen todo el conocimiento necesario para poder estimar el esfuerzo de la historia de usuario. Esta estimación se realiza también en las reuniones de refinamiento del *backlog*.

En Scrum se pueden utilizar varios métodos de estimación del tamaño o del esfuerzo de los elementos de trabajo.

Uno de los métodos más recomendados es la estimación por puntos de historia. Y el tipo de reunión que más comúnmente se utiliza para realizar la estimación por puntos de historia es la Planning Poker.

Para poder estimar por puntos de historia, al principio del proyecto, los desarrolladores definen lo que para ellos es el punto de historia en ese proyecto. El punto de historia es un problema técnico sencillo y pequeño. Por ejemplo, en un proyecto de *software*, el punto de historia podría ser «mostrar en pantalla el contenido de una tabla de la base de datos». Cada desarrollador tiene una idea subjetiva de lo costoso que puede ser para el equipo hacer ese trabajo, no solo en cuanto a las horas que pueden tardar entre todos en hacer ese elemento de trabajo, sino que también tiene en cuenta la dificultad de la tecnología por utilizar, los riesgos, complejidad, etc. Cuando ya tienen claro cuál es el punto de historia para ese proyecto —y ese punto de historia no se puede modificar en todo el proyecto—, se usará como referencia para estimar el tamaño de los elementos de trabajo del proyecto.

En las reuniones de refinamiento, que es donde los desarrolladores estiman las historias de usuario, lo hacen por comparativa con el punto de historia. Por ejemplo: una historia de usuario la estiman cinco veces más grande que el punto de historia definido para el proyecto o tres veces más grande o veinte veces más grande. Es decir, la estimación por puntos de historia consiste en una comparativa de cuánto esfuerzo le supone al equipo una historia de usuario tomando como referencia el esfuerzo del punto de historia definido para el proyecto. No se puede deducir las horas que llevará la implementación de una historia de usuario a partir de sus puntos de historia, pues la estimación por puntos de historia no tiene en cuenta únicamente las horas de dedicación.

Para hacer esta comparativa, se suele utilizar la serie de Fibonacci, muy utilizada en modelos de incertidumbre, en la que cada elemento de la serie es la suma de los dos anteriores. Se suelen utilizar los siguientes elementos: 1, 2, 3, 5, 8, 13, 21, MÁS DE 21.

Cada miembro de los desarrolladores piensa qué valor va a seleccionar, cada desarrollador estima la dificultad de la historia de usuario (en comparación con el punto de historia). Lo hacen sin anclaje, sin hacer gestos o comentarios de lo que van a votar para no influir en la opinión de los demás y votan todos a la vez. Si en el resultado de la votación se ve que hay una cercanía entre todos los votos, se considera cercanía que todos los valores sean iguales o haya una carta de diferencia entre ellos (por ejemplo, todos han votado una dificultad de entre 3 y 5), simplemente se saca la media. Pero si hay grandes diferencias (unos votaron 5 pero otros 13), lo que se hace es definir un *timebox* corto —se suele utilizar tres minutos—, y, en ese tiempo, las personas que han votado menos esfuerzo tienen que explicar al resto en qué se basan para su estimación. Asimismo, las personas que votaron mayor esfuerzo dispondrán también de tres minutos para explicar al resto su estimación. No tiene 3 minutos cada desarrollador, sino que son 3 minutos para todos los que han votado menos, y 3 minutos para todos los que han votado más, independientemente de los que sean. Se trata de optimizar el tiempo y solo expondrán sus argumentos los extremos: los que han votado menos y los que han votado más. Tras este tiempo, se vuelve a votar. Probablemente, muchos miembros tendrán ahora en cuenta aspectos que antes no conocían porque se ha hablado de riesgos, de horas de trabajo, de recursos, de trabajo asociado, etc. Con esta práctica se amplía la inteligencia colectiva del equipo. Por esto, normalmente, en esa segunda votación hay un acercamiento o aproximación entre votos. Si, aun así, sigue habiendo distancia, se volverá a hacer un nuevo *timebox* en el que hablen de nuevo los extremos, y se hará una última votación. Tras esta tercera y última votación, se saca la media de los puntos de historia y esa será la estimación para esa historia de usuario.

En algunas implementaciones de esta técnica de estimación se siguen realizando votaciones hasta que haya un acercamiento, algunos profesionales no recomendamos esta variante por eficiencia y porque en equipos de alto rendimiento no podemos tener la ilusión de que siempre llegaremos a un consenso total, pues las personas tenemos distintos puntos de vista.

El beneficio de esta forma de estimar el tamaño de cada elemento de trabajo es no solo definir el propio tamaño que nos permitirá saber qué cabe o no cabe en cada *sprint*, sino la inteligencia colectiva que se ha generado: en muy poco tiempo, todos los desarrolladores han escuchado muchos factores a tener en cuenta, tanto fáciles como complicados, asociados a esa historia de usuario, de forma que cuando esa historia de usuario se elija para formar parte de la pila de un *sprint*, todos los miembros del equipo ya tendrán conocimiento de todos esos factores a tener en cuenta para realizarla. Además, cuando llegue el momento de que los desarrolladores colaboren para implementar la historia de usuario, cada desarrollador no solo tendrá en cuenta sus propias percepciones, sino también las de aquellos miembros «extremos» que expusieron sus argumentos durante la estimación del tamaño. Tendrá, por tanto, más inteligencia, una visión más amplia, puesto que tendrá en cuenta los puntos de vista de sus compañeros.

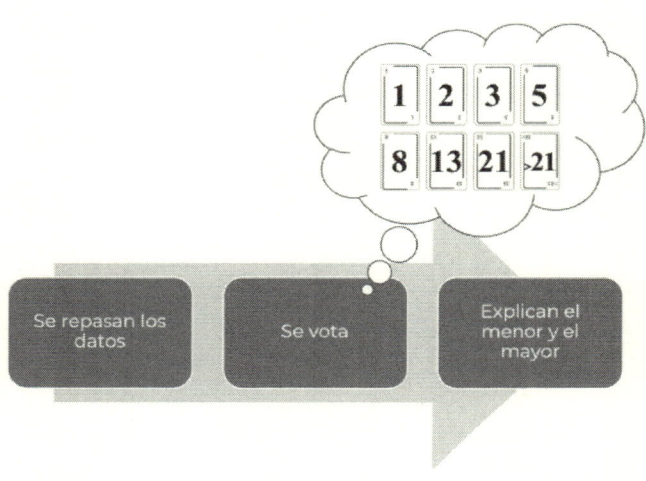

¿Por qué hablamos de *planning poker*? Lo primero que se puede pensar es que se llama así porque en ocasiones se utilizan cartas con los números de la serie, y los desarrolladores sacan la carta sobre la mesa a la vez. Pero el nombre de *planning poker* viene porque los que votan con esta técnica tienen que poner «cara de póker». Hablando técnicamente se dice que hay que evitar el anclaje, es decir, suspiros, resoplidos, comentarios... De lo que se trata es de que, durante la votación, ningún miembro haga gestos o ademanes que puedan traducir su intención de voto porque el objetivo es que cada cual vote según su punto de vista subjetivo al compararlo con el punto de historia. Ahí está la riqueza que aporta cada miembro del equipo de desarrollo a esta votación. Se trata de evitar que unas personas se puedan dejar llevar por otras que tengan más experiencia o a las que estimen o admiren.

Como ya comentábamos, saber el tamaño de un elemento de trabajo, por sí mismo, no nos da ninguna pista de las horas que lleva realizarlo. El tamaño de los elementos de trabajo sirve para poder calcular cuántos elementos de trabajo podemos incorporar en cada pila de *sprint*, teniendo como referencia la velocidad del equipo en cada momento.

Es una buena práctica que el equipo Scrum decida cuál será el tamaño máximo que deberán tener los elementos de trabajo. Cuando estiman el tamaño de un elemento de trabajo y supera este tamaño máximo, le piden al *product owner* que lo divida en elementos de trabajo más pequeños; seguramente con el asesoramiento de los desarrolladores. Esto permite tener elementos de trabajo más predecibles, permiten al *product owner* priorizar por entrega de valor, facilita la construcción iterativa del producto y evita que durante el *sprint* haya sorpresas y un elemento de trabajo sea más grande de los previsto. Los elementos de trabajo pequeños son preferibles a los grandes, y nos evitan ciertos problemas durante el proyecto.

10.4 FASE DE SPRINT: «INSPECCIONAR EL EQUIPO Y LA ENTREGA DE VALOR»

Durante esta fase se realizan dos eventos Scrum orientados a la inspección y adaptación de la entrega de valor que se está haciendo y de la eficiencia del equipo y de su gestión del proyecto.

Revisión del sprint (Sprint Review)

Antes de terminar el *sprint* el equipo Scrum se reúne para inspeccionar el incremento de producto que llevan hecho hasta ese momento. Esta reunión tiene un *timebox* máximo oficial de 1 hora por cada semana que dure el *sprint*.

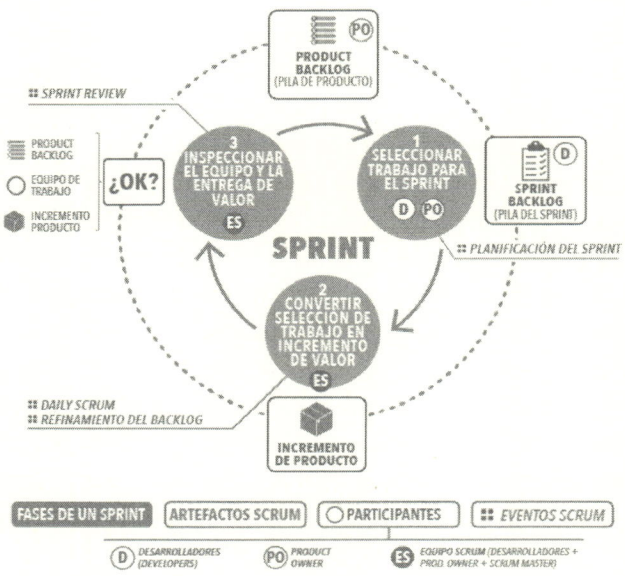

Con el incremento de producto sobre la mesa, a esta reunión, que convoca el *product owner*, asiste todo el equipo Scrum: *Scrum master*, *product owner*, todos los desarrolladores y los *stakeholders*, interesados o usuarios que estén relacionados con esta nueva versión del producto terminada hasta el momento y con las historias de usuario en las que seguramente se trabajará en el próximo *sprint*. No es una reunión para aprobar o no el *sprint*, ni tampoco es una reunión de seguimiento para comprobar si el equipo va según lo previsto. Es una reunión de inspección de la versión del producto que se tiene en ese momento, es decir, la última versión que se ha hecho en el *sprint*. El equipo Scrum, ya sean los desarrolladores o el *product owner*, presentan los elementos de trabajo que se han hecho nuevos, los defectos que se han corregido, y los usuarios prueban esos elementos de trabajo. Es recomendable que se utilice la comunicación verbal en lugar de, por ejemplo, hacer presentaciones con diapositivas sobre lo que se ha hecho en el *sprint*. Lo interesante es que los usuarios comenten si están satisfechos o no, si encuentran impedimentos al utilizar esta versión, si han existido malentendidos, etc. Aprobar o no el *sprint* es una cuestión sin sentido porque recordemos que el *sprint* solo es una unidad de tiempo; cuando concluye, se trata de revisar junto con el cliente la entrega de valor. No se trata de aprobar nada, sino de detectar defectos o errores de los que el *product owner* tomará nota, dándolos de alta en el *product backlog,* que quedará repriorizado y refinado. Estas anotaciones podrán abordarse o no en el siguiente *sprint,* según la importancia de las cosas que queden por hacer. Pero quedarán registradas en forma de nuevos elementos de trabajo.

Esta reunión no se debe convertir en una demo, ni en una reunión de seguimiento. La mayor parte de la versión del producto que se va a inspeccionar posiblemente ya se entregó y se dejó a disposición al *product owner* e interesados clave durante el *sprint,* y en esta reunión se reúnen para inspeccionar y adaptar lo que se ha hecho, el contexto del proyecto y los próximos pasos que se van a realizar.

La *sprint review* perfecta es en la que los usuarios y clientes invitados pueden usar el producto fabricado hasta ese momento, y el *Scrum master, product owner* y desarrollores van conversando con los usuarios sobre su experiencia e impresiones del uso del producto.

Los errores pueden aparecer en cualquier momento del proyecto, no solamente en esta reunión. Esta última versión queda instalada en un servidor de inspección y los interesados clave tendrán acceso a ella, con lo que, usándola y probándola, pueden encontrar defectos y errores. Se lo comunicarán al *product owner,* quien los convierte en nuevas historias de usuario. Veámoslo con un ejemplo en un proyecto de desarrollo de *software*: se ha escrito una historia de usuario que es el reseteo de la contraseña; pasa la revisión del equipo Scrum y, cuando parece que todo está bien, días después, un usuario, o el mismo *product owner*, se percata de que algo falla en el reseteo. No se trata de volver a activar esa historia de usuario que se dio por terminada porque tiene un error, sino que el *product owner* genera una <u>nueva historia de usuario</u> en la que explica el error, dice cómo debería funcionar y establece su relación con otra historia de usuario que se hizo en el pasado.

Esta nueva historia de usuario (que es un defecto o un error) se añade a la pila de producto, se prioriza junto con toda la batería de elementos de trabajo de la pila y quedará pendiente. Recordemos que, teniendo en cuenta el objetivo del *sprint*, se eligen los elementos de trabajo, pero no todos los de la pila del *sprint* tienen que ir encaminados a conseguir el objetivo de negocio del *sprint*. Se tiene que dejar un porcentaje de esfuerzo del equipo a áreas de mejora, a experimentaciones, a testeos y a corregir errores. Y se irán corrigiendo los errores que estén más priorizados. Esto es muy interesante porque cuando un equipo trabaja con mala calidad, los defectos empiezan a ahogar. Imaginemos un proyecto con 100 historias de usuario: en el primer *sprint* se queman 5, en el siguiente se queman otras 5, pero aparecen 10 más porque se han encontrado 10 errores; en el siguiente se queman otros 5, pero aparecen 10 errores más… En lugar de tener una pila de producto cada vez más pequeña, en cada *sprint* será más grande. Y no se tratará de nuevos requerimientos, sino de errores. La solución en estos casos es ser estrictos: entregar menos trabajo pero implantar excelencia técnica para evitar errores. Esto se llama calidad en el origen, es decir, que lo que salga de los desarrolladores salga ya libre de defectos. Esta forma de gestionar el nuevo alcance de tipo errores y defectos que surgen durante los proyectos proporciona una transparencia que permite una mejor gestión que como se suele realizar con enfoques tradicionales.

Podría pensarse que no es necesario que a esta reunión de revisión del *sprint* acudan todos los desarrolladores, pero esto es un error importante en la implantación de Scrum. ¿Cómo pedir a los desarrolladores el valor de compromiso por el proyecto del que son corresponsables si, cuando se presenta al cliente una versión, ellos no están invitados? Esta reunión fomenta el compromiso por el proyecto porque los desarrolladores son responsables del trabajo que están haciendo. Que estén en estas reuniones hace que desarrollen ese compromiso con el proyecto y con entregar satisfacción al cliente. Además, si los usuarios detectan errores, los desarrolladores serán los que puedan dar la mejor solución con el menor esfuerzo posible porque conocen su trabajo mejor que nadie. Esto solo es posible gracias a ese contacto directo entre desarrolladores y clientes, sin necesidad de pasar por el *product owner*, que en Scrum se permite. Y esto es lo que da eficiencia al equipo, pues mejoran las comunicaciones y las conversaciones son más productivas y eficaces. La ineficiencia supondría que, cuando a los desarrolladores les surgieran dudas, tuvieran que comunicarlo al *product owner*, este convocar una reunión con el cliente, tomar nota y devolverlo de nuevo a los desarrolladores. Se trataría de un desperdicio de tiempo y esfuerzo. En Scrum el desarrollador está comprometido con la eficiencia y con cumplir el objetivo de cada *sprint*. Lo que no puede ocurrir es que, en estas conversaciones directas entre desarrolladores y usuario o cliente, los usuarios pidan cosas nuevas; en este caso, deberá ponerlas en conocimiento, ahora sí, del *product owner*, quien las priorizará en la pila de producto.

Otro desperdicio a tener en cuenta, por parte de los desarrolladores, es el de la sobreproducción, porque el que decide lo que hay que hacer y lo que no, el que tiene la responsabilidad de saber lo que realmente produce valor es el *product owner*, por lo que no consiste en ir enriqueciendo las historias de usuario con los «ya que» que los usuarios o clientes les puedan comunicar a los desarrolladores durante sus contactos directos.

Retrospectiva (Sprint Retrospective)

Es la última reunión o evento Scrum que ocurre dentro de cada *sprint*. Debe asistir todo el equipo Scrum: *Scrum master*, *product owner* y desarrolladores, y tiene un *timebox* máximo oficial de 45 minutos por cada semana que dure el *sprint*. Esta reunión suele estar facilitada por el *Scrum master*, por ser máximo responsable de la implantación de Scrum, de evitar los antipatrones de Scrum y de mejorar la eficiencia del equipo.

En esta reunión el equipo busca cómo ser más eficientes y aumentar las posibilidades de éxito del proyecto. Las buenas prácticas recomiendan utilizar técnicas de reuniones eficientes, como la técnica de retrospectiva de El Barco o Los 8 Desperdicios Lean, o algunas de las 33 reuniones llamadas «Estructuras Liberadoras».

Esta reunión se debe realizar siempre en cada *sprint*, aunque el *sprint* haya ocurrido según lo previsto y sin contratiempos, porque esta reunión es la piedra angular para la mejora continua del equipo, para gestión de riesgos, para mejorar su desempeño, decidir planes de acción de mejora continua, acciones para mejorar la madurez del equipo o de la tecnología o metodología de trabajo. Representa la autoinspección del equipo Scrum sobre su eficiencia en la gestión y ejecución del proyecto, y donde se deciden planes de acciones concretas de mejora que se ejecutarán durante el proyecto.

Estas acciones de mejora serán realizadas por el *Scrum master*, por el *product owner* o por los desarrolladores; en este último caso, se transformarán en elementos de trabajo de la pila de producto, que los desarrolladores deberán estimar, y se irán incorporando en los próximos *sprints*.

No olvidemos que los desarrolladores no pueden dedicar nada de su tiempo a un trabajo que no esté representado en forma de elemento de trabajo en la pila del *sprint* actual.

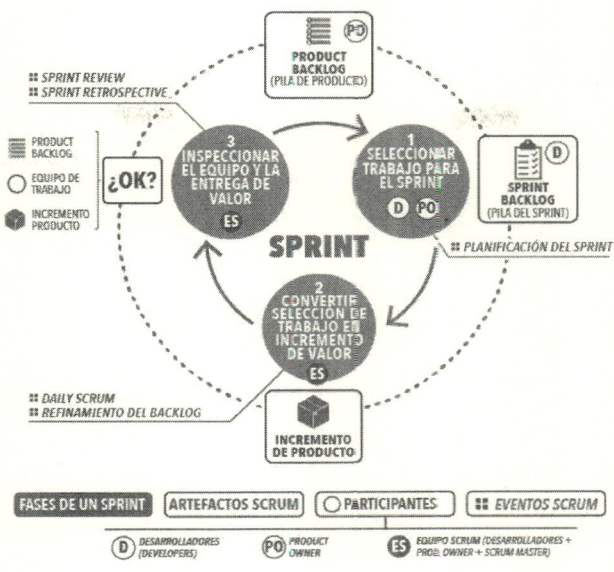

SPRINT

Fases de un sprint:
- 1 SELECCIONAR TRABAJO PARA EL SPRINT (ES)
- 2 CONVERTIR SELECCIÓN DE TRABAJO EN INCREMENTO DE VALOR (ES)
- 3 INSPECCIONAR EL EQUIPO Y LA ENTREGA DE VALOR (ES)

PRODUCT BACKLOG (PILA DE PRODUCTO)

SPRINT BACKLOG (PILA DEL SPRINT)

INCREMENTO DE PRODUCTO

¿OK?

- PRODUCT BACKLOG
- EQUIPO DE TRABAJO
- INCREMENTO PRODUCTO

:: SPRINT REVIEW
:: SPRINT RETROSPECTIVE

:: PLANIFICACIÓN DEL SPRINT

:: DAILY SCRUM
:: REFINAMIENTO DEL BACKLOG

FASES DE UN SPRINT | **ARTEFACTOS SCRUM** | ○ **PARTICIPANTES** | :: **EVENTOS SCRUM**

(D) DESARROLLADORES (DEVELOPERS) (PO) PRODUCT OWNER (ES) EQUIPO SCRUM (DESARROLLADORES + PROD. OWNER + SCRUM MASTER)

CAPÍTULO 11
ARTEFACTOS SCRUM

Aunque ya hemos hablado de cada uno de los artefactos de Scrum, en este capítulo vamos a profundizar en las características y recomendaciones para la gestión de cada uno de ellos.

Los artefactos Scrum son:

— pila de producto
— pila del *sprint*
— incremento

11.1 PILA DE PRODUCTO O PRODUCT BACKLOG

El *product backlog* es una lista emergente y ordenada de todo el trabajo que queda pendiente de realizar del proyecto. Es la única fuente de trabajo emprendida por el equipo Scrum. Su compromiso es cumplir con el objetivo del proyecto, representado por el contrato y por la declaración de visión del proyecto. También es donde se dan de alta los errores y los defectos que van apareciendo tras el uso que hace el *product owner*, los interesados clave o los usuarios de las versiones que se van entregado, de forma que cada vez que se detecta un error se da de alta un nuevo elemento de trabajo que representa ese error. La pila de producto debe cumplir el acrónimo DEEP:

— detallada adecuadamente
— estimada
— emergente
— priorizada

Detallada adecuadamente

La forma de escribir los elementos de trabajo que están en la pila de producto tiene que ser de forma que estén detallados adecuadamente, y esto quiere decir que lo que es más prioritario, lo hay que realizar a corto plazo, en el próximo o dos próximos *sprints*, debe estar documentado con más detalle que los elementos de trabajo menos prioritarios que vendrán, posiblemente, en *sprints* posteriores.

De escribir los elementos de trabajo se encarga el *product owner* y se asegura que sea entendido por los desarrolladores en las reuniones de refinamiento.

Estimada

Otra característica de los elementos de trabajo es que deben estar estimados por los desarrolladores, esta estimación la realizan durante las reuniones de refinamiento del *backlog*. Sin estimación del tamaño no es posible saber si un elemento de trabajo se puede o no se puede incorporar a un *sprint*, porque no sabremos si «cabe» dentro de la velocidad del equipo en ese momento.

Emergente

Además la pila de producto debe ser emergente, que quiere decir que aparecen y desaparecen elementos durante el proyecto y que, por tanto, la pila de producto está viva. También habrá elementos de trabajo que se dividirán en otros más pequeños.

Priorizada

Si no se prioriza la pila de producto, el equipo estaría trabajando enfocado en las tareas y no en la entrega de valor.

Cada elemento de trabajo tiene al menos las siguientes características:

— El id o identificador único dentro de la pila de producto.

— Título: Frase corta que resume en dos o tres palabras en qué consiste el elemento de trabajo.

— Historia de usuario: Si el *product owner* utiliza la técnica de historias de usuario para escribir los elementos de trabajo, cada elemento de trabajo tendrá lo que se denomina «la voz de la historia».

— Una descripción de la característica que hay que implementar, que si puede estar modelada, mucho mejor, pues aumenta la claridad y evita ambigüedades.

— Estimación de esfuerzo, es decir, su tamaño.

— Orden que ocupa dentro de la pila de producto.

— Valor de negocio. Esto es un concepto abstracto que vendrá definido por las técnicas de priorización que utilice el *product owner*. Por ejemplo:

o   Kano
o   MoSCoW
o   Criterios ponderados
o   Coste de demora (CoD)

— Los criterios de aceptación: Es una *checklist* de condiciones muy concretas que debe cumplir la implementación del elemento de trabajo.

El *product onwer* utiliza varias herramientas para gestionar y priorizar la pila de producto, entre estas herramientas están:

— Sistemas de priorización:

o   La priorización de Kano.
o   La priorización de Moscow.
o   Ponderación a 100 puntos de los elementos de trabajo: Técnica que se usa con los interesados clave para valorar qué consideran más o menos importante.
o   *Story mapping*, que es una herramienta visual para que junto con los interesados clave deciden qué elementos de trabajo van a implementar en cada *sprint*. Esta herramienta visual ayuda mucho al *product owner* para que los interesados clave se involucren y colaboren en esa priorización.

— Herramientas para la gestión de las expectativas de los interesados:

o   Mapa de interesados.
o   Mapa de dependencia de interesados.

— La técnica de escritura de requisitos llamada «historias de usuario».

Historias de usuario:

El *product owner* puede utilizar la técnica de historias de usuario para escribir los elementos de trabajo. Las historias de usuario tienen tres niveles según su tamaño:

— Temas: Requisitos de gran tamaño.
— Épicas: Requisitos grandes que es necesario desglosar para que puedan ser elegidos dentro de un *sprint*.
— Historias de usuario: Requisitos o características que tienen un tamaño apropiado para ser elegidos dentro de un *sprint*, aunque en ocasiones, durante las reuniones de refinamiento, los desarrolladores y el *product owner* deciden si habría que desglosarlas en historias de usuario aún más pequeñas.

Las historias de usuario no son requisitos tradicionales, sino atributos o características de esos requisitos tradicionales. En un entorno tradicional llamábamos requisito, por ejemplo, en un proyecto de *software*, al informe de ventas. Aparecía en el cronograma del proyecto en un lugar determinado y cuando el equipo trabajaba en el informe de ventas se implementaba al 100 %, en todo su detalle. En Agile, ese informe de ventas, que es el requisito, se divide en multitud de características y cada una de ellas es potencialmente un elemento de trabajo o una historia de usuario. Ese informe de ventas no se hace entero en un momento determinado, sino que se fragmenta, porque algunas características son muy importantes, otras son secundarias y otras son accesorias. Y esta priorización la realiza el *product owner* con los interesados clave, como parte del equipo de proyecto. Por eso es necesario en los proyectos Agile, y por supuesto en Scrum, la colaboración cotidiana de los representantes de negocio, que son los interesados clave del proyecto que trabajan junto con el *product owner*.

La excelencia técnica es importantísima en este sentido no solo para aumentar la eficiencia del equipo, sino en ocasiones, y según el proyecto o sector, para mantener la calidad deseada durante la construcción del producto.

En el sector de proyectos de *software*, por ejemplo, volviendo al ejemplo del informe de ventas que se va haciendo a fragmentos, es fundamental que los desarrolladores utilicen técnicas de programación adecuadas. Porque si ese informe se trabaja con técnicas de programación que no aseguren la calidad de código (un código de calidad no es el que no tiene errores, sino el que puede ser entendido por otros programadores y evolucionar sin riesgos), el resultado sería una amalgama de código imposible de mantener, que no se puede evolucionar o mantener de forma segura, porque se ha ido modificando muchas veces por distintas personas sin seguir reglas de calidad de código.

Es primordial que los desarrolladores de cualquier sector tengan formación en las nuevas tecnologías de excelencia técnica del sector del proyecto que estén ejecutando, porque, en el ámbito informático por ejemplo, van a tocar el mismo módulo muchas veces; durante todo el proyecto, van a estar enriqueciendo y modificando todos los módulos de la aplicación, y además lo harán todas las personas del equipo.

La técnica de Historias de Usuario para describir requisitos de un proyecto proviene del marco Extreme Programming y ya se empezó a usar en entornos tradicionales, y en Agile se recomienda su utilización.

Una historia de usuario es un elemento de trabajo que cumple estas propiedades (método INVEST):

— **I**ndependiente: Existen dependencias técnicas o de fabricación que obligan a construir unos elementos de trabajo antes que otros, pero esta propiedad no se refiere a la dependencia técnica. Se refiere a que cada historia de usuario debe ser valiosa para el cliente por ella misma, sin necesidad de que se hagan otras historias de usuario adicionales.

— **N**egociada: Con el cliente y desarrolladores.

— **V**alor de negocio: Que tenga un valor para el cliente, que solucione alguna necesidad concreta.

— **E**stimable: Que se pueda estimar.

— **S**mall: Que sea lo más pequeña posible; cuanto más pequeñas las historias de usuario, mejor se podrán implementar los principios Scrum de Entrega Iterativa y Priorización por Valor de Negocio.

— **T**esteable: Que se pueda verificar que se ha realizado correctamente. Que tenga la información suficiente para poder hacerlo y los desarrolladores tengan el entorno que necesitan para poder hacerlo. Preferiblemente de forma automatizada.

La historia de usuario la podemos expresar en un formato que se denomina «la voz de la historia», que está formada por cuatro apartados:

— YO COMO...: Y se escribe a continuación un rol o personaje o persona. Que representa un subconjunto de usuarios que necesitan esa funcionalidad o necesidad del producto que estamos fabricando.

— CUANDO...: Y se escribe cuándo necesita usar esa funcionalidad.

— QUIERO...: Representa qué quiere hacer el personaje escrito en la cláusula «YO COMO».

— PARA...: Por qué lo necesita el personaje escrito en la cláusula «YO COMO». Posiblemente esta sea la cláusula más importante en proyectos Agile, y que en entornos tradicionales no se rellenaba casi nunca. Con esta cláusula el *product owner* puede valorar en qué medida esta historia de usuario está alineada con la visión del proyecto y, por lo tanto, le servirá para su priorización. Además, gracias a esta cláusula, los desarrolladores y el *product owner* podrán proponer una manera de cumplir esta necesidad de una manera que les lleve menos esfuerzo.

Por ejemplo: YO COMO director financiero, CUANDO llegue el fin de un trimestre, QUIERO sacar un listado de ventas por zona comercial PARA saber lo que se ha vendido en cada zona de cada director comercial y pagarle la prima que le corresponde.

(Nota: En realidad esta voz de historia correspondería a una épica, porque es de un tamaño considerable, así que será susceptible de ser dividida en historias de usuario más pequeñas).

En entornos tradicionales ya se usaba esta técnica, pero no era tan importante el «para qué» porque el foco estaba en realizar todas las tareas que se pedían, sin valorar si se estaba entregando valor o solucionando problemas al cliente. En Scrum sí importa por qué el cliente pide algo; se toman los requisitos como sugerencias que este hace y tanto *product owner* como desarrolladores estarán pendientes de solucionar los problemas de la manera más eficiente. En un entorno Agile, por tanto, el foco está centrado en el valor y en la satisfacción del cliente, en para qué quiere eso. El equipo no se limita a hacer lo que se le pide, sino que lo hace sabiendo por qué se le pide, y se focaliza en satisfacer realmente esa necesidad que tiene el cliente. La satisfacción de la implementación será, por tanto, mucho mayor.

Otro ejemplo de escritura de voz de historia podría ser: yo, como desarrollador, quiero que se midan las veces que se ejecuta el informe para tener estadísticas de uso y poder priorizar futuras actuaciones.

Otro podría ser: yo, como sistema de software, *necesito tener un control de errores para no dejar de funcionar cuando este informe tenga un error. Rol también puede ser un sistema.*

Otro ejemplo: yo como usuario del despertador quiero poder seleccionar si me despierta un pitido o una música de entre mis favoritas para mejorar mi estado de ánimo cuando tengo que madrugar.

Cada historia de usuario tiene que tener una estimación de esfuerzo y un valor de negocio, y con esa información el *product owner* la puede priorizar dentro de la pila de producto. También hay que señalar si tienen dependencias con otros elementos de trabajo o con otras historias de usuario y, por último, los criterios de aceptación, como cualquier elemento de trabajo de la pila de producto.

Criterios de aceptación:

Cada elemento de trabajo tendrá su lista de criterios de aceptación, de características o condiciones que debe cumplir la implementación del elemento de trabajo. También pueden existir, y de hecho se recomienda que exista, una lista de criterios de aceptación comunes para todos los elementos de trabajo o para ciertos tipos de elementos de trabajo.

Pongamos un ejemplo, una historia de usuario en un proyecto de *software* puede ser filtrar por provincias el informe de ventas. Los criterios de aceptación en este caso podrían ser:

- Tener un combo desplegable en la pantalla.
- Las provincias deben aparecer por orden alfabético.
- No se puede dejar el filtro en blanco.
- Deben aparecer todas las provincias de España.
- Etc.

Estos criterios de aceptación son los primeros que, en el ámbito de la informática, se transforman en test automatizados de tipo unitario o de comportamiento para asegurarse de que lo que están programando los desarrolladores realmente cumple con los criterios de aceptación de la historia de usuario y que a lo largo del proyecto y sus actualizaciones nunca deja de funcionar como se espera. Los desarrolladores suelen añadir pruebas adicionales que consideran necesarias para afianzar más la calidad, asegurando que el *software* está libre de defectos y cumple con las expectativas de los clientes.

Los elabora el *product owner* junto con los interesados clave, y los enriquecen los desarrolladores en las reuniones de refinamiento. Es recomendable escribirlos con la sintaxis de Gherkin. Esta es una buena práctica en cualquier sector en el que se aplique Scrum, pero en proyectos de *software* es especialmente recomendable porque es el más utilizado para escribir las pruebas de test automatizados, y de esa forma el *product owner* estará ayudando a los desarrolladores a ser más eficientes.

En cualquier caso, utilizar la sintaxis Gherkin ayuda al *product owner* a escribir criterios de aceptación más completos, con menos ambigüedades, y contribuye directamente a crear lo que hay que crear de la forma correcta a la primera, y no caer en desperdicios de errores o defectos que produzcan retrabajo.

Los criterios de aceptación escritos en Gherkin tienen las siguientes partes:

Ejemplo 1

Historia de usuario: «Yo como usuario quiero poder iniciar sesión para poder comprar productos».

Un posible criterio de aceptación:

- *Feature*: Inicio de sesión en la tienda *online*.
- *Scenario*: Inicio de sesión mediante usuario y contraseña.
- *Given*: Introduzco de forma correcta mi usuario y mi contraseña, que he registrado previamente.

- *When*: Clico sobre el botón de iniciar sesión.
- *Then*: Puedo iniciar sesión de forma correcta.

Ejemplo 2

Historia de usuario: «Yo como usuario quiero poder sacar dinero de mi cuenta cuando tengo saldo para poder tener dinero en efectivo».
Un posible criterio de aceptación:

- *Feature*: Sacar dinero del cajero.
- *Scenario*: Utilizando la tarjeta de débito.
- *Given*: Mi cuenta del banco tiene saldo.
- *When*: Intento sacar menos dinero que el saldo de mi cuenta.
- *Then*: El descuento del dinero de mi cuenta debe realizarse sin errores y recoger el dinero del cajero.

11.2 PILA DEL SPRINT O SPRINT BACKLOG

Ya vimos cuando hablamos del evento «Planificación del Sprint» que la pila del *sprint* está formada por:

— Objetivo del *sprint*: Valor de negocio que se quiere entregar o por el que es importante el *sprint*.
— Elementos de trabajo que se quieren realizar: Es la lista de elementos de trabajo de la pila de producto que se han seleccionado para realizar en el *sprint*, algunos orientados a cumplir el objetivo del *sprint* y otros orientados a otros objetivos distintos.

— Tareas o actividades que hay que realizar por los desarrolladores para poder ejecutar cada elemento de trabajo de la pila del *sprint*.

La pila del *sprint* es propiedad de los desarrolladores. Durante un *sprint* todo el equipo Scrum, especialmente los desarrolladores, están focalizados en cumplir el objetivo del *sprint*, que será el valor de negocio, o el problema que debe quedar resuelto, en mayor o menor medida, durante el *sprint*. Aunque hablamos en singular, el objetivo del *sprint* puede estar formado por varios objetivos. En segundo lugar, el equipo Scrum se focaliza en que les dé tiempo para ejecutar todos los elementos de trabajo incluidos en la pila del *sprint*.

Para poder ser eficientes e implantar el empirismo y el *timeboxing*, entre el *product owner* y los desarrolladores deben priorizar los elementos de trabajo de la pila del *sprint*, y los desarrolladores deben seguir este orden en su implementación. Esto es importante para que en caso de que ocurriera algún riesgo o imprevisto que impidiera terminar todos los elementos de trabajo seleccionados, al menos podamos asegurarnos de que los elementos de trabajo orientados a cumplir el objetivo del *sprint* y los más importantes sí que se hayan podido ejecutar.

Recordemos que el objetivo del *sprint* no se puede modificar, y la lista de elementos de trabajo seleccionados para el *sprint* no se deberían modificar, aunque si está en peligro el poder caer en un desperdicio de trabajo por parte de los desarrolladores, el equipo Scrum no tendrá más remedio que modificar la lista de elementos seleccionados.

Las tareas o actividades estarán vivas durante todo el *sprint*. Apareciendo nuevas según los desarrolladores van aprendiendo más del trabajo que tienen que realizar durante el *sprint*.

11.3 INCREMENTO DE PRODUCTO O INCREMENT

En la situación ideal, a la que debemos tender, es que cuando los desarrolladores comprueban que la implementación de un elemento de trabajo cumple con la definición de terminado, ellos mismos se encarguen de añadirlo al producto que están fabricando y lo dejen en disposición del *product owner* y los interesados clave para su inspección. A cada uno de estos bloques de entrega de valor se les llama incremento. Para proporcionar valor, el incremento debe ser utilizable.

Durante un *sprint* se pueden entregar varios incrementos, al final de cada *sprint* el equipo Scrum y los interesados clave hacen una inspección de la suma de los incrementos que lleven hasta ese momento. Esto ocurre durante el evento *sprint review*, el cual no debe considerarse una ventana para entregar valor, puesto que la entrega de valor se puede hacer en cualquier momento durante el proyecto.

Si el equipo Scrum no es todavía suficientemente maduro para poder entregar varios incrementos durante un *sprint*, entonces, al menos, deberá entregar un incremento al final de cada *sprint*.

En los inicios de la implantación y desarrollo de Scrum en una organización, algunos equipos no son capaces de entregar un incremento al final de todos los *sprints*, en ese caso, existe un Scrumbut que la organización deberá trabajar para eliminar de su implementación de Scrum, hasta ser capaces de entregar varios incrementos durante cada *sprint*.

CAPÍTULO 12
CONCEPTOS BÁSICOS PARA EL ESCALADO SCRUM

Cuando un único equipo Scrum no es suficiente, necesitamos coordinar el esfuerzo de varios equipos Scrum que trabajan conjuntamente para el mismo proyecto. En este capítulo no profundizaremos en ningún modelo concreto de escalado Scrum, pero sí aprenderemos las propiedades básicas que todo escalado Scrum debería cumplir.

Necesidad de escalar Scrum

Un equipo Scrum no debe superar las 10 personas, contando a los desarrolladores, el *product owner* y el *Scrum master*. Este número de personas no es arbitrario, según los estudios con equipos de alto rendimiento se ha demostrado que a partir de 10 miembros empieza a disminuir la posibilidad de que el equipo se convierta en un equipo de alto rendimiento, y la razón es la complejidad en las interacciones personales, es por esa razón por la que el número de personas óptimo en este sentido es entre 4 y 7 personas, y cuantas menos personas más posibilidades de desarrollar equipos de altas capacidades. Siempre teniendo en cuenta que entre todos los miembros deben tener todo el conocimiento y las habilidades para cumplir con su misión.

Los proyectos en los que se necesitan más de 10 personas para ser ejecutados son ejecutados por varios equipos Scrum que trabajan de forma coordinada. Incluso, por ejemplo, si para un proyecto se necesitan 8 desarrolladores, es más eficiente crear dos equipos Scrum de 4 personas cada uno que crear un único equipo Scrum de 8 personas.

Cuando varios equipos Scrum trabajan en la construcción del mismo producto, se utilizan reglas adicionales para crear esa coordinación necesaria. En este caso hablamos de escalados Scrum.

En los escalados Scrum, es decir, cuando existen distintos equipos Scrum que están trabajando en paralelo para un mismo producto, cada equipo debe tener su propio *Scrum master* y su propio *product owner*, aunque es cierto que una misma persona podría ser el *Scrum master* de todos ellos, de igual forma que una única persona podría ser el *product owner* de todos los equipos Scrum del escalado.

Cada equipo Scrum del escalado se comporta con las reglas Scrum, tendrán sus *sprints* y realizarán los mismos eventos Scrum como si fueran el único equipo Scrum del proyecto. Al crear escalados Scrum se intenta que los equipos sean lo más independientes posible, que el resultado de unos no dependa del trabajo realizado por otros. Para poder hacerlo, la repartición del trabajo entre los equipos Scrum deberá ser un reparto vertical, no un reparto horizontal. Esto quiere decir que cada equipo Scrum se encargará de implementar un conjunto de requisitos o épicas completas, y se encargará de realizar todas las tareas de todas las áreas de conocimiento necesarias para poder hacerlo.

Existen unas reglas básicas que se deben cumplir al organizar cualquier escalado Scrum:

- Una única pila de producto (*product backlog*):

o Todos los equipos comparten una única pila de producto que contiene todo el trabajo pendiente de ejecutar en el proyecto.
o Al empezar cada *sprint*, se crearán tantas pilas de *sprint* como equipos Scrum, el contenido de cada pila de *sprint* serán elementos de trabajo relacionados con los requisitos o épicas que tenga asignado cada equipo.

- Existirá una figura organizativa que velará por la coordinación de los equipos:

o Esta figura podría ser un *Scrum master* que estuviera pendiente de la implantación correcta de Scrum en los equipos y de la correcta coordinación entre los equipos, se suele llamar el **chief scrum master**.
o En algunas ocasiones este *chief scrum master* es a su vez *Scrum master* de uno, varios o todos los equipos Scrum y en otras ocasiones hay equipos Scrum con sus propios *Scrum master*.

- Una única persona priorizando la pila de producto:

o A esta persona es la que llamamos el *chief product owner*.
o En algunas ocasiones este *chief product owner* es a su vez *product owner* de uno, varios o todos los equipos Scrum y, en otras ocasiones, hay equipos Scrum con sus propios *product owner*.
o Si fuera necesario el *chief product owner* podría delegar parte de su trabajo asignando otros *product owner* a equipos concretos. Podría delegar trabajo relacionado por valor, capacidades y funcionalidades específicas para escalar su responsabilidad, pero nunca podrá delegar o repartir la priorización de la pila de producto.

- Todos los equipos comparten la misma longitud de *sprint*.

○ Algunos equipos podrían tener *sprints* más cortos, pero siempre duraciones que sean divisiones exactas del *sprint* del escalado Scrum, para que el final de alguno de sus *sprints* coincida con el final del *sprint* del Escalado Scrum.

○ Una de las razones por las que un equipo Scrum quisiera tener *sprints* más cortos es para aumentar la frecuencia de la fase de inspección y adaptación, y así aumentar la eficacia de su gestión de riesgos e imprevistos. Es decir, aumentar la frecuencia de las *sprint reviews* y las retrospectivas.

- Cada equipo realiza sus entregas de valor de forma independiente al resto.

○ Cada equipo Scrum libera los incrementos o entregas de valor de forma independiente al resto de los equipos.

○ Para gestionar los riesgos es recomendable que durante el *sprint* haya pruebas de integración con el trabajo que van terminando los equipos Scrum.

○ En el sector del *software*, se recomienda usar tecnologías como la programación dirigida por test automatizados, arquitecturas emergentes que permiten a los equipos ser más independientes y toda la tecnología de la integración y despliegue automatizado.

- *Sprint review* del escalado.

○ Al final de cada *sprint* tiene lugar un *sprint review* común del escalado, donde se inspecciona la integración de todo el avance que hayan terminado los equipos Scrum del escalado.

- Retrospectiva del *sprint* del escalado.

o   Al final de cada *sprint* del escalado tiene lugar una retrospectiva a nivel de escalado para inspeccionar y adaptar la implantación del escalado y buscar maneras de aumentar la eficiencia de la coordinación de los equipos.

- Definición de hecho del escalado.

o   Los responsables del escalado Scrum definen una definición de hecho que todos los equipos deben cumplir.
o   Cada equipo puede tener una definición de hecho distinta, pero siempre más rigurosa que la definida para el escalado Scrum.

- El incremento está «hecho» solamente cuando esté integrado, sea usable y potencialmente distribuible a todos los interesados por el *chief product owner*.

Hay que permitir que los equipos sigan siendo autogestionados, dentro de las normas básicas que hemos comentado. Podrán modificar la longitud de *sprint*, la modificación de hecho, incluso podría tener su propio *product owner*. Esto es muy importante, puesto que no son iguales ni los requisitos ni los interesados del proyecto relacionados con cada uno de los equipos Scrum; por lo tanto, su gestión tendrá que adaptarse según sea necesario.

Recordamos que Scrum no está diseñado para que construyamos, enseñemos lo que hemos hecho al cliente y que este nos cambie lo que ya hemos implementado; si esto ocurre habitualmente es que no estamos aplicando Scrum correctamente, puesto que Scrum precisamente está diseñado para minimizar las ocasiones en las que esto ocurre. Los interesados del proyecto pueden cambiar los requisitos iniciales solicitados, pero las reglas Scrum, principalmente con la aplicación del empirismo, están dirigidas a que esto ocurra de la forma más eficiente y con menos desperdicios.

Scrum está pensado para que los requisitos iniciales o la idea inicial de lo que se iba a hacer se pueda ir modificando por el camino durante el proyecto, pero minimizando las veces que el cliente cambia lo que ya está hecho. Por eso, una de las misiones del *product owner* es estar en contacto continuo con el cliente y usuarios, representados por los interesados clave, para ir inspeccionando si los elementos de trabajo que se empezarán en los próximos uno o dos *sprints* siguen siendo válidos o hay que cambiar algo de lo previsto hasta ese momento, pero antes de que los desarrolladores empiecen a trabajar en ellos. Es ese enfoque empírico que permite asegurar que los desarrolladores no tengan que rehacer trabajo y que aumente la satisfacción del cliente con el proyecto. En definitiva, con Scrum bien implementado se minimizan los cambios que hacen los clientes a lo que ya tenemos hecho.

Ejemplos de escalado Scrum que representan perfectamente cómo conseguir que los equipos que trabajan en paralelo estén sincronizados pueden ser Nexus, Safe, Less o el modelo de Spotify. El escalado más utilizado según las estadísticas es SAFe porque además permite escalar Agile no solo en uno o varios proyectos, sino en toda una organización.

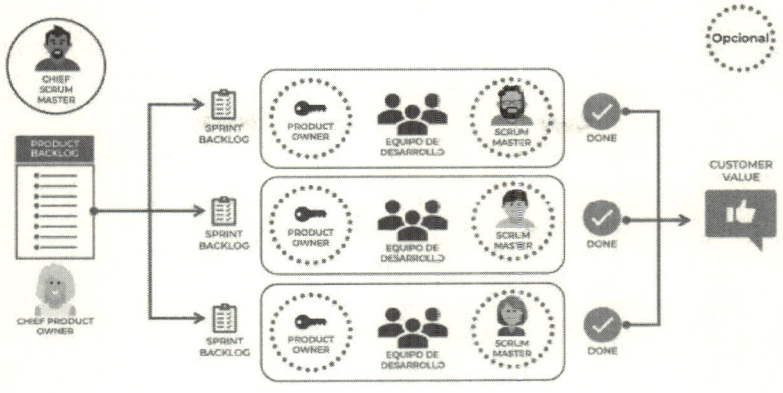

Scrum de Scrums (SoS)

Para poder mantener y gestionar la sincronicidad entre los desarrolladores de distintos equipos del escalado, se ejecutan unas reuniones llamadas Scrum de Scrums. Son reuniones periódicas, no necesariamente todos los días, a las que acude un desarrollador representante de los desarrolladores de cada equipo que vaya a participar en la reunión, porque no siempre se reúnen representantes de todos los equipos. A esta reunión no asisten *product owners*, tampoco los *Scrum master*, más que para verificar que se realiza sobre los principios y valores Agile y Scrum. A veces están ya planificadas y en otras ocasiones se realizan si surge la necesidad. No son *dailys* que, recordemos, sirven para inspeccionar cómo van los desarrolladores para poder cumplir el objetivo del *sprint*, sino que en ellas se habla de dependencias entre el trabajo que están realizando los desarrolladores de distintos equipos y de cómo solucionar esas dependencias. No tienen un *timebox* definido *a priori,* pero cada organización suele definirlo porque ayuda a tener más eficiencia en las reuniones y a enfocarlas mejor en el resultado. Por tanto, el objetivo del Scrum de Scrums es coordinar, sincronizar actividades, detectar y gestionar bloqueos de dependencia entre el trabajo que realizan los desarrolladores de los equipos Scrum de un escalado.

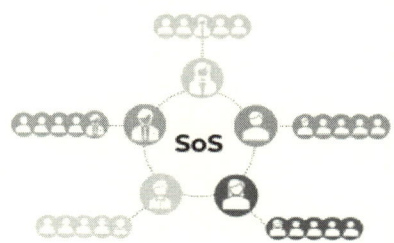

Ni el PO ni el SM pueden ser los representantes del equipo	No es necesario que siempre vayan los mismos representantes.	Tiene lugar después de la Daily de cada equipo	No se realiza ni planificaciones de sprint ni revisiones de backlog.	Objetivo: Coordinar, sincronizar actividades y detectar bloqueos de dependencia.

CAPÍTULO 13
CLÁUSULAS AGILE

Cada vez aparecen más cláusulas para añadir a contratos de proyectos que se van a ejecutar bajo marcos de trabajo Agile. Estos son algunos ejemplos que se usan en contratos para proyectos Scrum.

Dinero sin hacer nada

Lo que dice esta cláusula es que en el contrato permitimos a nuestro cliente que pare el proyecto en cualquier momento, y, si lo hace, será un gran éxito para nosotros y para el proyecto. Vamos a explicarlo: lo ideal en un contrato Scrum es que se especifique precisamente que se va a utilizar la metodología Scrum, cuántos *sprints* tendrá el proyecto, de cuánto tiempo será cada *sprint* y el coste de cada uno (por la estimación hecha según las personas que están en cada equipo, el material, etc.). Esto es lo básico que debe figurar en un contrato Scrum, pero a lo que se refiere esta cláusula lo explicaremos con un ejemplo: imaginemos que tenemos un proyecto de 100 000 € en total, porque hay diez *sprints* de 10 000 € cada uno. Como el *product owner* y todo el equipo están focalizados en entregar al cliente las historias de usuario por orden de entrega de valor y no solo eso, sino que están concentrados en solucionar los problemas y necesidades del cliente con el menor esfuerzo posible (maximizar el trabajo no realizado), puede ocurrir que, aunque estaban previstos diez *sprints* a 10 000 € cada uno, cuando se le entrega al cliente en una *review* en el octavo *sprint* la versión, puede considerar que con eso tiene suficiente. Como lo más importante está hecho y lo que resta en los dos *sprints* finales es accesorio, puede no merecerle la pena pagar el importe de esos dos *sprints* restantes que contienen esas historias de usuario que quedan por hacer en la pila de producto. Esto no quiere decir que queden requisitos o épicas sin implementar, lo que quiere decir es que algunas características de algunas épicas o requisitos quedarán sin implementar. El cliente, por tanto, en el octavo *sprint* paraliza el proyecto porque se siente satisfecho con lo que se le ha entregado. Lo habitual es estipular en el contrato con cuánto tiempo de antelación deberá el cliente avisar de que va a hacer uso de esta cláusula. En el contrato entonces lo que se estipula es que el cliente podrá paralizar el proyecto en el *sprint* que quiera, pero deberá abonar un porcentaje de lo que hubiera pagado si el proyecto hubiera llegado hasta el final. Esto es «dinero por nada» y es una situación ideal para cliente y empresa que ejecuta el proyecto: para cliente porque ahorra un porcentaje importante de lo presupuestado al inicio, y para la empresa porque, gracias a una buena priorización del trabajo, recibe dinero «gratis» y además puede asignar el equipo Scrum a otro proyecto. El cliente se queda satisfecho porque ha obtenido el producto que necesita, mejor incluso que lo que pensó al inicio del proyecto, y además le ha costado menos de lo que le hubiera costado si se hubiera utilizado un marco de trabajo tradicional.

Esta cláusula es poderosísima porque, como en el contrato se le dice al cliente el coste que tiene cada *sprint*, el cliente puede calcular cuánto le cuesta cada punto de esfuerzo, puesto que sabe qué velocidad actual tiene el equipo. Basta dividir el coste de cada *sprint* entre la velocidad del equipo, y el resultado es el coste de cada punto de esfuerzo, o unidad de medida utilizada para medir el tamaño de los elementos de trabajo. Cuando el *product owner* negocia con los interesados clave implementar la solución a uno de sus problemas de otra manera que lleva menos esfuerzo aunque sea menos detallada, podrá tener evidencias de si le merece la pena la diferencia de detalles con la diferencia del esfuerzo entre las opciones que se le plantea. Es decir, los interesados clave saben exactamente cuánto les está costando cada una de las historias de usuario de la pila de producto, así como las alternativas que el equipo Scrum les puede presentar. En las reuniones de refinamiento y de negociación con el cliente, todos intentan que se cancele el proyecto lo antes posible, todos intentan dar soluciones con el menor esfuerzo posible. Todos ganan: el cliente ahorra dinero y la empresa lo gana sin trabajar.

Esto se puede hacer solamente con un proyecto Scrum y no con un proyecto tradicional. Con una alta madurez de Scrum los clientes sienten que su dinero está mejor invertido que con proyectos tradicionales.

Cambios gratis

Esta cláusula implica que, ante una pila de producto inicial, cada vez que el cliente pida añadir un elemento de trabajo nuevo, tendrá que elegir qué otros elementos de trabajo se quitan de la pila del producto. Realmente no es una cláusula muy Agile porque lo ideal sería que el cliente añadiera lo que quisiera y se fueran haciendo priorizaciones, dejando para el final lo menos importante. Esta forma de trabajar sería más eficiente. El cliente ve los elementos de trabajo en la pila de producto, que están estimados, sabe cuántos puntos de esfuerzo está quemando el equipo en cada *sprint* y cuántos *sprints* quedan para finalizar el proyecto; por tanto, tiempo antes de finalizar el proyecto, gracias a que la pila de producto está priorizada y ordenada, ya sabrá qué elementos de trabajo no van a entrar en el proyecto, que serán detalles no necesarios de requisitos mayores.

Sprints de confianza

Con clientes que no conocen muy bien Scrum o Agile se puede decidir que el proyecto se inicia utilizando Scrum, pero si se comprueba que el cliente no participa o no siente confianza en Scrum, se replanifica el proyecto desde un enfoque tradicional.

Esta cláusula la usamos cuando queremos empezar a utilizar Scrum con proyectos de algún cliente, pero el cliente no entiende o no está convencido con Scrum. En realidad, esto es arriesgado, puesto que la involucración del cliente y que entienda los principios de Scrum es fundamental para el éxito con Scrum, para que participe en la inspección de los incrementos y en las reuniones de refinamiento del *product backlog* con el *product owner*. Casi es preferible invertir en la formación adecuada de Scrum al cliente y, posteriormente, empezar a trabajar con Scrum.

CAPÍTULO 14
INDICADORES DE MADUREZ EN LA IMPLANTACIÓN DE SCRUM

En esta lección vamos a ver algunos de los indicadores que podemos usar para medir el nivel de madurez de nuestra implementación de Scrum.

El *Scrum master* es el responsable de hacer el seguimiento de la eficiencia del equipo Scrum y, en consecuencia, es el responsable de ir recogiendo los KPI, es decir, los indicadores que den datos o evidencias de si, realmente, el equipo está siendo eficiente o está mejorando en su eficiencia y nivel de implantación de Agile y Scrum de forma continua. Para ello, no basta con tener impresiones, sino que son necesarios los datos: gráficas y comparativas que demuestren que realmente cada vez el equipo es más Scrum, más Agile, que entrega mayor satisfacción con menos esfuerzo.

14.1 KPI DEL PRODUCT OWNER

- ¿En qué medida las historias de usuario, tal y como las escribe el *product owner,* cumplen la definición de Ready?

  o Es decir:

- ¿Tienen los desarrolladores, desde el inicio, toda la información clara de lo que tienen que hacer?
- ¿Están las historias de usuario refinadas cuando llega el *sprint,* con todos los criterios de aceptación bien definidos para que los miembros del equipo puedan empezar a trabajar?

  o Si el *product owner*, durante un *sprint*, va terminando de definir historias de usuario y detalles de los elementos de trabajo del *sprint* actual, quiere decir que hay algunas reglas de Scrum que no se están aplicando correctamente. Puesto que el *product owner* durante un *sprint* debería dedicar su tiempo a refinar la pila de producto para preparar los dos siguientes *sprints* e ir inspeccionando los incrementos que los desarrolladores van entregando.

- Que el *backlog* representa realmente las necesidades de negocio:

  o Esto lo hace confirmando que las historias de usuario son específicas y deseables. Aunque el *Scrum master* no sabe realmente cuáles son las necesidades de negocio porque no habla con los usuarios ni con los interesados directamente, pero puede saberlo por la forma de trabajar del *product owner* con la pila de producto, por ejemplo, verificando que existe una declaración de visión del proyecto que el product owner utiliza como referencia para priorizar la pila de producto, observando la técnica de priorización que está usando, si está priorizando por valor o está priorizando por otras razones más tradicionales.

- Disponibilidad del *product owner*.

o Si el *product owner* está disponible para los desarrolladores para evitar desperdicios de tipo espera.
o Ya que, aunque se quiera evitar, durante un *sprint* los desarrolladores necesitarán resolver algunas dudas o negociar con el *product owner* alternativas para satisfacer una historia de usuario.

- Número de defectos aplazados.

o Un valor alto será un resultado no deseado, y un valor bajo o que va disminuyendo según avanzan los *sprints* será un resultado positivo.
o Es decir, los números de defectos encontrados durante un *sprint* y que no da tiempo a solucionar. Defecto es distinto que error: el error es un fallo, que una funcionalidad no funcione correctamente. Pero, cuando hablamos de defectos, nos referimos a que algo de lo hecho no se corresponde con lo que realmente había que hacer o con la necesidad del cliente. Así, cuando hay diferencias entre lo que se está haciendo y lo que se tenía que hacer, hay un número alto de defectos.
o El *Scrum master* mirará cómo están las historias de usuario definidas: si hay suficientes criterios de aceptación, si están suficientemente detalladas, si el *product owner* ha cambiado con frecuencia estos criterios de aceptación durante el *sprint* (cosas que no debería hacer ni poco ni mucho), o si no está priorizando y clasificando correctamente.

- Edad media de los requisitos de alto nivel o épicas.

o Un valor bajo será un resultado no deseado, y un valor alto o que va aumentando según avanzan los *sprints* será un resultado positivo.

o Un *product owner* realiza mejor su rol cuantos más *sprints* se tarde en terminar de implementar los requisitos de alto nivel o épicas.

o Por ejemplo: si el requisito es un informe de ventas y el *product owner* lo divide en 40 historias de usuario repartidas en 10 *sprints*, será un indicador de que es mejor *product owner* que si reuniera todas las historias en uno, dos o tres *sprints*. Y esto es así, porque es un indicador de que se están utilizando dos de los principios básicos para el éxito de Scrum: Priorización por entrega de valor y entrega iterativa. Significa también que minimiza la posibilidad de tener que deshacer trabajo hecho, porque va poco a poco implementando cada uno de los requisitos.

- Duración de la primera y segunda parte de la planificación del *sprint*.

o Un valor alto será un resultado no deseado, y un valor bajo o que va disminuyendo según avanzan los *sprints* será un resultado positivo.

o Es decir, las partes donde se elige el objetivo del *sprint* y los elementos de trabajo de la pila del *sprint*. Como ya vimos, esto lo hacen entre *product owner* y los desarrolladores. En la tercera parte, los desarrolladores (ya sin el *product owner*) los divide en pequeñas tareas técnicas.

o Cuanto menos duren, mejor labor estará haciendo el *product owner*, porque significa que se ha preocupado de que en las reuniones de refinamiento de *sprints* anteriores, el equipo haya tenido claro lo que había que hacer, haya entendido con claridad los elementos de trabajo y estos se hayan podido estimar adecuadamente. Con lo cual, estas dos primeras partes se harán rápidamente porque no habrá dudas, e incluso ya estará prácticamente definido durante las reuniones de refinamiento anteriores. Cuanto más vaya disminuyendo la duración de estas partes, significará que el *product owner* cada vez lo va haciendo mejor.

o Una mejora continua en este indicador denotará un buena práctica por parte del *product owner* y permitirá que durante la planificación del *sprint* los desarrolladores puedan dedicar más tiempo a la parte que solo se puede hacer en esa reunión, que no es otra que el que los desarrolladores hablen de las historias de usuario que hay, decidan las tareas, hablen de los riesgos que pueden encontrar, revisen la información que salió a la luz en la reunión de estimación, etc. Con lo cual, se crea una inteligencia colectiva de modo que «todos saben lo que tienen entre manos y cómo resolverlo».

o Si el equipo tiene que hacer muchas preguntas o muchas consultas al *product owner*, quiere decir que había muchas dudas, que no está clara la definición de los elementos de trabajo y que las reuniones de refinamiento no se están realizando adecuadamente.

14.2 KPI DE LOS DESARROLLADORES

Con los desarrolladores los indicadores que más interesa medir son:

• Los errores entregados:

o Un valor alto será un resultado no deseado, y un valor bajo o que va disminuyendo según avanzan los *sprints* será un resultado positivo.

o Aquí sí hablamos de errores y no de defectos. Los desarrolladores entregan incrementos durante el *sprint* para que el *product owner* y los interesados clave puedan inspeccionar lo que están creando.

o En ocasiones durante esta inspección se encuentran errores, ya sea durante el mismo *sprint* donde se entregó el incremento o durante *sprints* posteriores.

o Para evitarlo, los desarrolladores deben seguir desarrollando la aplicación de la más moderna tecnología o técnicas que les permitan implantar «la calidad en el origen».

o Por ejemplo, en el entorno del desarrollo de *software,* a los desarrolladores se les pide que generen el código con cero defectos en el origen. La tecnología avanzada —pruebas automatizadas, revisión de código estático o automatizado, buenas prácticas de escritura de código, código limpio, *code reviews*, etc.— está llevando a crear códigos de mejor calidad sin necesidad de que haya seres humanos probando el *software*. Esto ayuda a que los equipos Scrum sean totalmente autónomos e independientes en lo que desarrollan. Por lo tanto, ¿quiénes serían los responsables, si en el desarrollo y en el testeo se han entregados errores?, el único responsable es el equipo Scrum que ha subido ese incremento. No hay nadie más. Si, pasado un tiempo después de subido ese incremento, el cliente o el propio *product owner* detectan un error, lo registrará el *product owner* como un nuevo elemento de trabajo de la pila de producto.

o El *Scrum master* solo está pendiente de la eficiencia del equipo, no necesita entender el producto que se está haciendo, ni el negocio. Solo se preocupa de que el equipo realmente trabaje cada vez más eficientemente, y sea más Scrum y Agile, independientemente de lo que esté fabricando.

- Duración de la tercera parte de la planificación del *sprint*.

o Un valor alto será un resultado no deseado, y un valor bajo o que va disminuyendo según avanzan los *sprints* será un resultado positivo.

o Es aquella en la que los desarrolladores, sin el *product owner*, dividen los elementos de trabajo de la pila del *sprint* en pequeñas tareas técnicas. El *Scrum master* mide esta fase en la que se quedan solos para definir tareas y, aunque tendrán que dedicar el tiempo que consideren necesario dentro del *timebox* que define Scrum, se intenta que vayan mejorando en su toma de decisiones, de conversación, en su capacidad de concreción, en su desarrollo de capacidades de comunicación, etc.

14.3 KPI DE TODO EL EQUIPO SCRUM

Algunos de los KPI que se pueden medir referidos a todo el equipo Scrum al completo son:

- La duración de la revisión del sprint (sprint review)

o Un valor alto será un resultado no deseado, y un valor bajo o que va disminuyendo según avanzan los *sprints* será un resultado positivo.

o Porque la *review* no es una reunión de seguimiento, sino una reunión de trabajo donde los usuarios deberían usar el producto que se les ha entregado y donde los desarrolladores, el *product owner* y el *Scrum master* reciben el nivel de satisfacción y los comentarios de estos usuarios. Es una reunión de inspección junto con los usuarios, pero no es ni una demo ni una reunión de informe de estado del proyecto.

- Duración de la retrospectiva del sprint (sprint retrospective)

o Un valor alto será un resultado no deseado, y un valor bajo o que va disminuyendo según avanzan los *sprints* será un resultado positivo.

o Lógicamente, se tratará de que sea cada vez más eficiente, ya que es donde buscamos áreas de mejora. Se debería usar siempre una técnica de reunión eficiente (ocho desperdicios, técnica del barco, las estructuras liberadoras…).

- Net Promoted Score (NPS).

o Un valor bajo será un resultado no deseado, y un valor alto o que va aumentando según avanzan los *sprints* será un resultado positivo.

o Este es el indicador más importante, el que realmente demuestra que se está trabajando en Scrum y que el foco está puesto en conseguir la satisfacción de todos los interesados. Cada equipo Scrum tiene un conjunto de usuarios y de clientes y su objetivo para tener éxito es conseguir precisamente la satisfacción de esos interesados. Por eso, periódicamente, no necesariamente en cada *sprint*, se debe pasar una encuesta de satisfacción. Si los *sprint* son semanales, quizá no sea necesario esa encuesta de satisfacción tan frecuentemente pero sí con periodicidad constante.

o La pregunta que se hace para calcular el NPS es: «¿En qué medida recomendarías como cliente nuestro equipo Scrum?», y deben seleccionar un número entre el 1 (No recomendaría) y el 10 (Seguro que sí recomendaría). Y esta encuesta se enviaría a todos los interesados: usuarios, interesados internos, interesados del cliente, promotores o espónsores del proyecto, etc. Todos votan y posteriormente se sacará una estadística general y estadísticas por tipología de interesados del proyecto.

o El Net Promoted Score (NPS) se calcula de la siguiente manera:

- Los votos de 7 o 8 no se tienen en cuenta.
- Los votos de 9 o 10 se consideran promotores.
- Los votos por debajo o igual a 6 se consideran retractores.
- NPS = % promotores – % retractores
- Un valor > = 0 se considera bueno.
- Un valor > = 50 se considera excelente.

o El resultado de esta encuesta, en un proyecto Scrum, es la medida de éxito del proyecto. En un proyecto tradicional serían las fórmulas de valor ganado, y ya hemos aprendido que la medida en la que estamos cumpliendo un plan de proyecto no es un indicador de éxito.

14.4 KPI DEL SCRUM MASTER

Realmente los KPI del *Scrum master* son todos los anteriores, porque su responsabilidad es que, si está siendo un buen *Scrum master*, todos los KPI estarán mejorando. No se trata de que todos sean buenos al principio, sino de que vayan mejorando. Eso ya será un indicador de que se está siendo un buen *Scrum master* que está ayudando al equipo a aumentar su eficiencia y en mejorar su madurez en Scrum.

EPÍLOGO

Agile no es una moda, Scrum no es una moda, ambos son el resultado del aprendizaje adquirido durante las últimas décadas a través de estudios, métricas, informes y estadísticas que nos han dado las evidencias para mejorar en nuestra gestión de proyectos y aumentar el número de proyectos exitosos.

Scrum es la metodología más complicada de implantar que hemos conocido hasta el momento en la gestión de proyectos. Es fácil de entender, pero difícil de implantar; hasta hace unos años la mayoría de las implantaciones de Scrum fracasaban, precisamente por menospreciar su dificultad y desconocer los factores que influyen en su implantación con éxito.

La dificultad de implantar Scrum radica en que se basa en las personas y en desaprender lo que creíamos válido para empezar a trabajar según los principios Scrum que hemos visto en esta guía.

Scrum no es solo entregar versiones cada dos semanas, tener una *daily* e ir planificando por etapas. Es mucho más, hay que «ser» Scrum, no hay que «hacer» Scrum. Como hemos aprendido durante la guía, para tener éxito en la implementación de Scrum no basta con cambiar de nombre al rol de las personas, ejecutar los eventos y tener los artefactos, hace falta cambiar nuestro enfoque hacia el proyecto y la gestión del alcance. Ser consciente de que el alcance no está definido al inicio de un proyecto, y que se debe descubrir durante el proyecto. Si esto no se sabe gestionar bien, puede ser trágico.

No es cuestión de «ser o no ser Scrum», sino del grado de madurez en el que nos encontremos. Implantar Scrum es un aprendizaje, descubrimiento y crecimiento de la organización, de los departamentos, de los equipos y de las personas. Las empresas tardan meses o años en tener una madurez de Scrum media/alta. Mientras tanto, van implantando Scrum en la medida que lo permite la cultura, la organización empresarial, el empoderamiento, los valores personales y la tecnología. Y los caminos de madurez de Scrum de las empresas y equipos están llenos de Scrumbut, aquellos parches que no cumplen las reglas, principios o pilares Scrum o Agile, pero que por las limitaciones de cada momento no podemos hacer otra cosa. Pero siempre debemos tener el foco de hacia dónde nos dirigimos, que no es sino el Scrum puro, que nos dará muchos éxitos; por esa razón las organizaciones deben tener planes de acción para eliminar todos los Scrumbut que se hayan visto obligadas a incluir, para que a medio o largo plazo desaparezcan y siga creciendo en su madurez de Scrum y de la cultura Agile en general.

Ser Agile no es una opción, las organizaciones que no suban al tren de Agile se verán adelantadas por la competencia Agile, porque serán capaces de entregar mayor valor y satisfacción a sus clientes, de forma más rápida, más barata y con mayor calidad.

El mejor momento para empezar a ser Agile fue hace 10 años, el segundo mejor momento es HOY.

Biografía del autor

César Criado es licenciado en Ciencias Exactas, especialidad de Computación, con varios cursos postgrado en Análisis de Sistemas Informáticos.

Desde sus inicios profesionales compaginó la formación con la dirección de proyectos de desarrollo de software, desempeñando el cargo de Director de Desarrollo y de Business Intelligence de una multinacional del sector de la publicidad.

Posteriormente creó su propia empresa de Desarrollo de Software y Formación y actualmente trabaja como mentor independiente, trabajando para multitud de empresas que quieren aprender y certificarse en las mejores metodologías de dirección de proyectos y de desarrollo de equipos de alto rendimiento.

César está especializado en las metodologías Agile y Lean, como Scrum, Kanban, Management 3.0, OKR, DevOps, y por supuesto de las buenas prácticas, principios y dominios de conocimientos recomendados por el Instituto Internacional para la Dirección de Proyectos (PMI).

Es tutor académico de varios cursos universitarios especializados en Gestión de proyectos y en Scrum y actualmente es responsable del área académica de la certificadora internacional en metodologías ágiles Agile European Society.